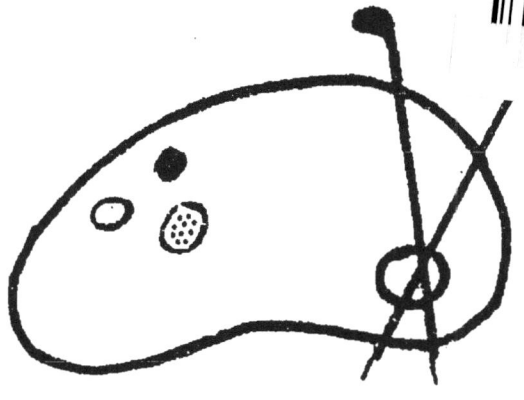

Couvertures supérieure et inférieure
en couleur

DESCARTES

ET

LA PRINCESSE PALATINE.

ORLÉANS. — IMP. ERNEST COLAS.

DESCARTES

ET

LA PRINCESSE PALATINE

OU

DE L'INFLUENCE DU CARTÉSIANISME

SUR LES FEMMES AU XVIIe SIÈCLE

PAR A. FOUCHER DE CAREIL

PARIS
AUGUSTE DURAND, LIBRAIRE,
7, RUE DES GRÈS-SORBONNE.

1862

EXTRAIT DU COMPTE-RENDU
De l'Académie des Sciences Morales et Politiques.
RÉDIGÉ PAR M. CH. VERGÉ, AVOCAT, DOCTEUR EN DROIT,
Sous la direction de M. le Secrétaire perpétuel de l'Académie.

DESCARTES ET LA PRINCESSE PALATINE

ou

DE L'INFLUENCE DU CARTÉSIANISME

SUR LES FEMMES AU XVIIᵉ SIÈCLE.

Descartes a été le maître intellectuel du xviiᵉ siècle. Le Cartésianisme plut d'abord à l'élite de la société par sa noble franchise et sa libre allure. Cette doctrine engageante et hardie allait bien à l'esprit français qui n'aime rien tant que les idées claires et les grands partis. C'était de plus une philosophie d'honnête homme. Gœthe, témoin peu suspect de partialité pour Descartes ou pour son siècle, a remarqué que pour comprendre ce philosophe, il faut toujours se rappeler qu'il était gentilhomme et gentilhomme français, ayant porté l'épée et vu le monde. Repoussée par l'école, sa philosophie fut bien accueillie par les salons. Les femmes qui y exerçaient alors un empire souverain furent des premières à l'adopter, et Malebranche, qui n'est qu'un Descartes plus chrétien et plus tendre, avait coutume de dire que les femmes plus dégagées de préjugés que les savants, comprenaient mieux ses leçons.

Mais toutes les cartésiennes n'étaient pas en France alors. Si la France peut citer ses Lavigne, ses Dupré, ses Grignan, la Hollande a eu ce privilége, qu'ayant été la patrie d'adoption de Descartes, elle posséda la première cartésienne et la plus accomplie; une femme à laquelle Descartes lui-même a décerné cet hommage, et qui peut à bon droit passer pour l'ouvrage le plus parfait qui soit sorti de ses mains en cet âge de nouveauté charmante et de première sève du Cartésianisme. Cette femme est la fille aînée de la reine de Bohême, alors exilée, et dont le salon tout cartésien réunissait les premiers hommes de la Hollande, et brillait de l'éclat de ses filles, les trois Palatines.

La maison palatine à laquelle appartient la princesse Élisabeth nous donne au xviie siècle l'exemple peut-être unique d'une famille illustre, nombreuse, composée de princes et de princesses protestants ou catholiques, dévots ou libres penseurs, tous remarquables par les dons de l'esprit, famille partagée entre toutes les tendances si diverses du siècle, en partie conquise, en partie rebelle à l'Église catholique, et alors réunie sous le sceptre d'une femme belle et ambitieuse, de la reine de Bohême, cette fille des Stuarts, tombée d'un trône avec la dignité du malheur et qui n'aspirait qu'à refaire la fortune brisée de ses enfants. Sa famille se composait de cinq fils et de cinq filles. De grandes qualités ou de tragiques aventures recommandent les premiers à l'attention de l'historien. Des cinq fils, deux surtout, Charles-Louis, l'aîné, et Ruprecht, le cadet, se sont fait un nom, non-seulement dans l'histoire d'Allemagne ou d'Angleterre, mais dans celle des lettres et des sciences : Charles-Louis par son libre esprit et ses avances à Spinosa, Ruprecht par ses inventions en physique et en chimie. Le prince Morice, leur frère, prit une part active avec Ruprecht dans la guerre civile d'Angleterre, s'enfuit en Amérique et fit naufrage aux îles Caraïbes. Les deux autres s'illustrèrent, le premier par ses duels et par sa mort dans un combat, le second par une alliance que célébra Bossuet. Il avait épousé Anne de Gonzague, elle aussi princesse palatine, de la maison de Nevers et de Mantoue.

Les filles de la reine de Bohême offrent dans ce xviie siècle, si fertile en femmes célèbres ou distinguées, une variété de beautés et de talents qui leur assurent le premier rang parmi elles. De ces cinq filles, l'une, la duchesse Sophie, fut une femme supérieure, l'autre, Louise Hollandine, fut une artiste distinguée et devint abbesse de Maubuisson. Mais ni Louise Hollandine, la brillante élève du peintre Honthorst, ni Sophie, qui a mérité plus tard le titre de femme accomplie et l'amitié de Leibniz, ne sauraient éclipser leur aînée.

Élisabeth se présente à nous avec des traits et une physionomie d'une rare distinction. Sa beauté, ses talents et ses infortunes l'élevèrent même au-dessus de ses sœurs. A peine elle avait connu son père, l'infortuné Frédéric de Bohême à qui ses malheurs et sa mort ont fait donner le surnom de Winterkœnig, *roi d'un seul hiver*. Séparée du reste de sa famille alors errante et proscrite, confiée aux soins de son aïeule, la princesse Julianne, femme d'un rare bon sens et d'une grande vertu, dans une solitude de la Prusse-Orientale appelée Krossen, elle y prit le goût de l'étude et une grande élévation. Elle avait d'ailleurs l'âme fière d'une fille des Stuarts et je ne sais quoi d'héroïque et de magnanime qui la faisait se plaire enfant au récit des nobles histoires et des grandes actions. A vingt ans elle avait trouvé en elle-même dans le sentiment de sa dignité et l'énergie de sa foi le courage de refuser un trône qui lui était offert par Wladislas V, roi de Pologne, plutôt que d'abjurer la religion protestante dans laquelle elle était née. Miss Benger, auteur de mémoires sur la reine de Bohême, nous apprend qu'elle avait une égale aptitude pour les langues et les sciences, et que son bonheur suprême était de méditer. C'est là ce qui déplut à la reine qui lui préférait Louise Hollandine. Mais par ses talents, par son application aux sciences, par sa connaissance approfondie de la philosophie de Descartes, elle mérite une place à part dans l'histoire du Cartésianisme. Elle fut l'élève préférée de Descartes. Elle lui a proposé de bouche et par écrit ses doutes et ses objections qui lui ont fait corriger ou expliquer ses doctrines. C'est elle enfin qui a porté le Cartésianisme en Allemagne, d'abord à Berlin, à Heidelberg et à Cassel où était sa famille, ainsi qu'à Herford où elle passa les dernières années de sa vie.

A côté d'Élisabeth, et dans une sorte d'antithèse, vient se placer une femme que nous rencontrons au début de sa vie et que nous retrouvons à sa mort.

Anna-Maria de Schurmann avait d'ailleurs tout ce qui pouvait plaire et charmer. Poète, lauréat, artiste agréable, savante mêlée à toutes les controverses de son temps, Anna-Maria était la gloire de l'Université d'Utrecht, où elle avait soutenu des thèses publiques, l'orgueil de son maître Voëce, une merveille de la Hollande. Elle paraissait donc à la jeune Élisabeth dans tout l'éclat du triomphe, célébrée comme une muse, chantée par les poètes, louée par tous les savants de la Hollande et même de l'étranger, sans en excepter Balzac qui écrivait d'elle : « Il faut avouer que Mlle de Schurmann est une merveilleuse fille et que ses vers ne sont pas les moindres de ses merveilles. Je ne pense pas que cette Sulpitia que Martial a si hautement louée en fît de plus latins. Mais qu'il y a de pudeur et d'honnesteté parmy les grâces et les beautez de ses vers ! Que la vertu de son âme se mesle agréablement avec les productions de son esprit (1) ! » Joignez à ces mérites signalés par Balzac, surtout amoureux de la forme, un fond de mysticité et de gravité, une vocation religieuse prononcée et quelque chose des élans de Mme Guyon aussitôt réfrénés par le calme d'une Hollandaise. Élisabeth, qui la connut dès sa quinzième année, en fut charmée et lia des relations avec elle. Ce ne fut pas une inclination passagère, mais une amitié durable qui, un moment ébranlée, devait se renouer plus fortement vers la fin de leur vie, et avoir des suites graves pour l'abbesse de Herford. Les deux amies s'écrivaient, et quelques-unes de ces lettres, qui sont parvenues jusqu'à nous, sont précieuses pour faire connaître les études et les pensées d'Elisabeth. La première, adressée par Mlle de Schurmann à son amie alors âgée de vingt ans, est du 16 septembre 1639. Elle loue d'abord l'invention, les pointes et les périodes de la lettre qu'elle avait reçue d'Élisabeth, puis elle continue en prenant pour sujet la manière de traiter l'histoire.

---

(1) Balzac. Lettres. Voir aussi les œuvres de Constantin Huyghens.

« *A Madame la Princesse de Bohême.*

« Madame, je ne puis exprimer l'excez de joye et de contentement que j'ay receu en lisant la lettre que Votre Altesse m'a fait la grâce de m'escrire, car outre l'invention, les pointes et les périodes qui pourroyent remplir l'oreille des plus sçavans, ce m'a esté un plaisir merveilleux d'y considérer les amusemens de vostre généreux esprit (1). »

Ainsi, nous voyons vers 1639 la princesse Élisabeth cherchant, par des pointes et des périodes, à flatter l'oreille des plus savants. Elle eût tenu sa place à l'hôtel de Ram-

---

(1) Une lettre d'Élisabeth à Constantin Huyghens, qui l'avait prise pour sa divinité et lui avait dédié ses *Momenta desultoria*, explique en partie ce que Mlle de Schurmann entendait par ces pointes et ces jeux d'esprit ; c'est pourquoi nous la citerons, bien qu'elle soit peu intéressante par elle-même :

« *Monsieur de Zulichem*,

« Si un autre m'eut faict veoir le livre que vous m'avez envoyé, je n'y aurais admiré que l'excellence de vostre poésie ; mais à ceste heure, vous m'y donnez subject d'admirer encore l'excès de vostre civilité : celle-là requiert des louanges, celui-cy des remerciements ; et le grand nombre des qualitez estimables et extraordinaires que vous possédez, authorisant le mespris que vous faictes de vostre Muse rendroit son panégyrique une injure à vous : quoy qu'il fust composé par une personne qui le sceut faire avecq autant d'ornement que de vérité, etc. »

bouillet auprès de la belle Artémise. Son esprit généreux s'amuse, comme le lui dit si bien Mlle Schurmann.

Transportons-nous maintenant à cinq ans de là, en 1644, à la date de la seconde lettre de Mlle Schurmann à Élisabeth : celle-ci est toute philosophique et, chose singulière, elle est consacrée en entier à un éloge fort bien fait de la scolastique qu'il faut citer :

« Il est vray, lui écrit-elle, que je fay grande estime des
« docteurs scolastiques, et que sans doute ils me pour-
« royent fournir de belles occasions pour exercer mon
« esprit, si je n'en estois divertie le plus souvent par des
« exercices plus nécessaires. Je ne veux point nier qu'ils
« s'esgarent quelquefois par des spéculations vaines, dan-
« gereuses, voir blasphèmes ; ce qui les a faict encourir la
« censure de plusieurs gens doctes de nostre temps :
« néantmoins, cela ne doit pas préjudicier à la solidité,
« ny à l'excellence de leurs conceptions, qu'on a accous-
« tumé d'admirer dans leurs ouvrages, lorsqu'il est ques-
« tion ou d'esclaircir les secrets de la philosophie ou de
« soustenir les plus hauts poincts de la religion chré-
« tienne contre les sceptiques, profanes et athées. A peine
« sçauroit-on discerner s'ils ont esté plus ingénieux à
« forger des doutes et des objections ou plus adroits à les
« résoudre ; s'ils ont esté plus hardis à entreprendre des
« matières hautes et difficiles, ou plus heureux et capables
« de les desmesler. De sorte qu'à mon jugement ils ont
« fort bien conjoinct ensemble ces deux qualitez rarement
« sociables, la subtilité et la réalité. *Et de faict ce n'est*
« *pas merveille qu'ils sont parvenus à un si haut degré*
« *de perfection, d'autant qu'ils n'ont poinct mesprisé*

« *la succession de leurs prédécesseurs ny la possession*
« *de tous les siècles*, et qu'il est aisé, selon la règle des
« philosophes, aliorum inventis aliquid addere. *Ce leur a*
« *esté assez de gloire de se laisser conduire par ces*
« *deux grands astres des sciences divines et humaines,*
« *saint Augustin et Aristote, lesquels on n'a jamais*
« *pu obscurcir, quelques brouillards et chaos d'er-*
« *reurs qu'on ait tasché d'opposer à leur brillante lu-*
« *mière.* »

Cet éloge de la scolastique qui n'est plus un jeu d'esprit, mais un morceau étudié, plein de mesure, savant, dont tous les traits portent, tel enfin que Leibniz n'hésiterait pas à le signer, emprunte aux circonstances et au but dans lesquels il fut écrit, une très-grande importance. Car cet éloge de la scolastique est d'un bout à l'autre une attaque à une philosophie nouvelle qui cherche à supplanter l'ancienne, et qui a déjà séduit Élisabeth. Pour le bien comprendre, il faut le relire à la lueur de cette idée et l'on voit alors qu'il y a un perpétuel sous-entendu, que ce panégyrique d'Aristote et de son école n'est qu'une satire déguisée d'une philosophie plus nouvelle, que c'est elle que Mlle de Schurmann a en vue et qu'elle attaque par insinuation. Elle se trahit dès les premiers mots : « *Il est vray*, dit-elle à la princesse d'un ton presque piqué, *il est vray* que je fay grand estime des docteurs scolastiques. » La princesse s'en étonnait donc et le lui avait reproché. Les traits qui suivent sont mis là à dessein : « Les scolastiques ont uni deux qualités qu'on trouve rarement ensemble : la subtilité et la réalité. » « *Ce n'est pas merveille* s'ils sont parvenus à un si haut degré de perfection, d'autant qu'ils n'ont poinct mesprisé la succession de leurs prédécesseurs. » L'allusion est évidente : « ny la possession des siècles passés ; » vous voyez le trait qu'on enfonce à plaisir : « et qu'il est aisé, selon la règle des philosophes, *aliorum inventis aliquid addere.* » Puis, comme si l'allusion n'était pas assez transparente, on ajoute : « *ce leur a esté assez de gloire* de se laisser conduire par Aristote et saint Augustin, ces deux grands astres des sciences divines et humaines. »

Quelle est cette philosophie nouvelle qu'elle ne nomme point, mais qu'elle combat dans cette lettre sans la nommer et en lui opposant la philosophie scolastique ? Et pourquoi cette attaque à la philosophie nouvelle dans une lettre à la princesse Élisabeth que nous croyions encore tout occupée de pointes et de jeux d'esprit ?

Cette philosophie *nouvelle*, c'est le Cartésianisme.

Mlle de Schurmann essayait de prémunir son amie contre les séductions du Cartésianisme. La princesse était donc déjà séduite ou sur le point de l'être par cette philosophie. La date de sa lettre seule suffit pour nous en convaincre. Cette nouvelle lettre de Mlle de Schurmann est de 1644, c'est-à-dire de l'année même où parut le livre des *Principes* de Descartes qu'il avait dédié à la princesse Élisabeth.

Descartes habitait alors un petit château près de Leyde, à deux lieues seulement de La Haye.

Une visite récente à Endegeest nous permettra de décrire le lieu et les abords de sa retraite. Quand on sort de Leyde, vers le nord-ouest, on trouve une prairie couverte de troupeaux et coupée par de nombreux cours d'eau, dont un est navigable en barque. Une chaussée en briques traverse la prairie et tourne à gauche vers un bois de haute futaie à travers lequel on aperçoit des maisons de briques, couvertes de tuiles avec leurs parterres de fleurs. Une grille porte ces mots : *Endegeest*, et une allée sablée conduit au château qu'habitait Descartes vers 1641. Une sorte de portique aux armes des Gevers, qui sert de galerie en été, de serre en hiver, donne accès dans une cour d'honneur, et le manoir d'Endegeest présente sa façade de briques un peu écrasée, mais flanquée de deux pavillons. Quelques marches conduisent dans les appartements intérieurs. Au premier on montre encore dans l'une des tours une chambre de forme octogone terminée en coupole, qui donne sur les grands arbres du côté opposé à Leyde et à ses moulins. C'était la chambre de Descartes. Dans la cour règne une galerie couverte : c'était, nous dit-on, le promenoir du philosophe. On remarque encore les charmilles de hêtres du côté du parc, et le parterre de forme bizarre que Descartes se plaisait à cultiver.

C'était là, dans cette retraite charmante qui rappelle les habitations de la Gentry en Angleterre, que Descartes recevait ses amis et même ceux que la curiosité amenait de Leyde ou de La Haye. Descartes était déjà en possession de toute sa gloire. Le *Discours de la méthode* (1) avait été l'événement qui le rendit célèbre. Ses ennemis eux-mêmes en convenaient. « C'est le Démocrite de ce siècle, disait Sorbière, l'émissaire et l'ami de Gassendi, au retour d'Endegeest ; c'est un grand génie, ajoutait-il, j'admire fort son

---

(1) Voir la note A à l'Appendice.

esprit, vous diriez qu'il couche avec la nature, qu'elle s'est faite voir à lui toute nue. Au reste, c'est un des plus grands hommes de notre siècle : son galimatias vaut mieux toujours que celui des scolastiques (1). »

Élisabeth avait aussi désiré, mais dans un autre but que celui de satisfaire une vaine curiosité, voir l'homme dont toute la Hollande s'occupait alors et pour lequel ses écrits lui avaient donné l'inclination la plus vive. Je ne sais même si ce n'est pas aux démarches de la princesse que se rapporte le récit de certains voyages à Leyde malignement racontés par Sorbière (2).

En tout cas, Descartes vint à La Haye dès 1640 attiré par la réputation de la princesse ; il voulut la connaître et se laissa conduire par le marquis de Dhona chez la reine de Bohême, dont le salon tout cartésien lui offrait, réunis avec les deux frères Achatius et Christophe de Dhona, tous ses amis de Hollande, tous ceux du moins qui avaient pris

(1) *Sorberiana*, p. 39.
(2) « De mon temps, écrit-il (qui était en 1642), en Hollande c'étoit un divertissement des dames d'aller en bateau de La Haye, à Delft ou à Leyde, habillées en bourgeoises et mêlées parmi le vulgaire, afin d'ouïr les discours que l'on tiendroit des grands, sur le propos desquels elles jettoient la compagnie. Et il arrivoit souvent qu'elles oïoient diverses choses qui les touchoient et même leur galanterie avoit quelque chose d'extraordinaire, elles ne revenoient guères sans trouver quelque cavalier qui leur offroit son service et qui, au débarqué, se voyoit bien trompé de la petite espérance qu'il avoit conçue que ce fussent des courtisanes, parce que toujours un carrosse les attendoit. Elisabeth, l'aînée des princesses de Bohême, étoit quelquefois de la partie. On racontoit merveilles de cette rare personne. »

sa défense à l'apparition du *Discours de la Méthode* et dont plusieurs avaient embrassé sa philosophie : Constantin Huyghens, le père de Christian, M. de Wilhelm, M. de Hooghelande, M. de Pollot, M. de Beck, notre résident à La Haye M. de Brasset et le chapelain de la Reine, Samson Jonsonn : « Descartes, nous dit miss Benger, après avoir passé plusieurs années dans une retraite absolue, n'était pas fâché de reprendre sa place dans le monde. Par l'intermédiaire du baron Achatius de Dhona, avec lequel la princesse Élisabeth était en correspondance, « il fut introduit, *introduced*, auprès de la reine de Bohême et de sa fille aînée. La première le reçut avec politesse ; la seconde, qui s'était enflammée pour la métaphysique, l'accueillit comme un maître, mieux encore, un ami. Du joli village d'Egmond dans le district d'Alcmaer, Descartes faisait de fréquentes visites à La Haye pour avoir l'avantage de converser avec sa royale élève, dans laquelle il découvrait, non sans surprise, un esprit capable des recherches les plus ardues et des plus sublimes vérités. »

C'est le récit de ces études cartésiennes de la princesse que nous a tracé Sorbière ; c'est le véritable programme du cours de philosophie qu'elle suivait. « On racontoit, dit-il, des merveilles de cette rare personne : qu'à la connaissance des langues elle ajoutoit celle des sciences, qu'elle ne s'amusoit point aux vétilles de l'école, mais vouloit connoître les choses clairement ; que pour cela elle avoit un esprit net et un jugement solide ; qu'elle se plaisoit à faire des dissections et des expériences ; qu'il y avoit en son palais un ministre tenu pour Socinien : son âge sembloit de vingt ans, sa beauté étoit vraiment d'une héroïne. Elle avoit trois sœurs et cinq frères ; Frédéric, Robert, Maurice, Édouard, Philippe ; Louise, Henriette, Sophie. »

Ainsi, dès 1642, elle était cartésienne. Je n'en veux pour preuve que ces traits empruntés à Sorbière : d'abord cette vue nette et ferme qui voulait connaître les choses clairement ; en second lieu, ce mépris de la scolastique qui l'empêchait de s'amuser aux vétilles de l'école, et enfin ce plaisir qu'elle avait à entendre Descartes et à suivre ses leçons. Connaître les choses clairement et distinctement, c'est toute sa méthode. Ne point s'amuser aux vétilles de l'école, c'est là ce qui désolait Mlle de Schurmann, mais aussi ce qui fit faire les plus grands progrès à son amie. Enfin l'étude des langues et des sciences était recommandée par lui. Il était donc impossible de marquer par des traits plus vifs qu'elle était cartésienne et que non-seulement elle avait pris plaisir à écouter Descartes, mais qu'elle suivait déjà fidèlement ses méthodes.

C'est là ce que confirme Baillet par son témoignage : « Quand elle eût vu les essais de Descartes, elle conçut, nous dit-il, une si forte passion pour sa doctrine qu'elle compta pour rien ce qu'elle avoit appris jusque-là et voulut bâtir à nouveau sur des fondements plus solides. » On remarquera ce trait vif et profond qui achève le tableau de ses études. Descartes se compare sans cesse à un homme qui veut reconstruire à nouveau l'édifice des sciences, bâtir sur le roc et non sur le sable. L'énergique résolution que prenait Élisabeth était le plus haut effort qu'elle pût faire pour se rapprocher de ce philosophe :

« Son maistre, continue Baillet, l'ayant accoustumée insensiblement à la méditation profonde des plus grands mystères de la nature et l'ayant exercée suffisamment dans les questions les plus abstraites de la geométrie et les plus sublimes de la métaphysique, n'eut plus rien de caché pour elle et ne fit point difficulté d'avouer qu'il n'avoit encore trouvé qu'elle qui fût parvenue à une intelligence parfaite des ouvrages qu'il avait publiés jusqu'alors. »

Mais ce n'était là que le prélude d'études encore plus sérieuses et d'un hommage plus significatif. Le monde allait être averti des relations philosophiques qu'il avait avec Élisabeth, dans des termes d'autant plus flatteurs pour elle qu'ils étaient l'expression exacte de sa pensée et qu'en la proposant à l'admiration de tous en tête de son plus important ouvrage, Descartes entendait non-seulement rendre hommage aux rares mérites de son élève, mais aussi faire honneur à sa philosophie.

Les *Principes* sont dédiés à la princesse Élisabeth, et Descartes y offre en modèle cette femme accomplie en qui l'on voyait réunies ces trois marques de la plus haute vertu, suivant son maître, le soin de s'instruire, la volonté de bien faire et un excellent esprit, cette femme encore jeune, que ni les divertissements de la cour, ni la façon dont les princesses ont coutume d'être nourries, n'ont pu empêcher de se consacrer à la sagesse et qui réunissait enfin les grâces et les muses. On aime à voir Descartes, qui parle toujours avec une noble franchise et qui s'est promis dans cette dédicace même de ne rien dire que de certain, avouer qu'il n'a jamais rencontré personne « qui ait si généralement et si bien entendu tout ce qui est contenu dans ses écrits, et qui fût aussi bien douée pour les mathématiques et la métaphysique. »

Le livre des *Principes* est certainement par la pensée qui le dicta la plus haute entreprise philosophique de Descartes. Il y présentait le plus brièvement possible et comme dans un tableau, l'ordre entier de sa philosophie et tout l'enchaînement des vérités qu'il avait découvertes. Son plan était vaste, il comprenait les principes de la connaissance (ou métaphysique) et ceux de la nature (ou physique générale). Mais la fécondité de ce principe est telle que dès la préface, il avoue qu'il est loin d'en avoir épuisé toutes les conséquences. « Car, ajoutait-il, toute la philosophie est un arbre dont la métaphysique forme les racines, le tronc est la physique, et les branches qui sortent de ce tronc, sont toutes les autres sciences, qui peuvent se réduire à trois principales ; savoir : la médecine, la mécanique et la morale, qui porte les fruits les plus parfaits de l'arbre de la science. »

La préface des *Principes* reflète au plus haut degré cette tendance à l'universalité. C'est là qu'apparaît pour la première fois cette connaissance du cinquième genre, qui n'est autre chose que la science et la faculté des principes, la raison, faculté sublime qu'il préfère aux sens, à la tradition, à l'autorité, au sens commun, et qu'il définit « le cinquième et dernier degré pour parvenir à la sagesse. » C'est à cette connaissance supérieure, dont Spinosa fera l'état parfait, et le degré le plus sublime de la contemplation, qu'il convie Élisabeth avec une noble assurance. Rien ne lui paraît trop haut pour son esprit ni pour son cœur. Descartes, après les initiations qu'elle a subies, la croit propre à la contemplation : il montre à ce généreux esprit les sommets ardus dont parle le poète :

..... *Nullius ante*
Trita solo.

« De tout temps, écrit-il, de grands hommes ont cherché à s'élever à ce cinquième degré ; mais il ne sache pas qu'il y en ait eu jusqu'à présent à qui ce dessein ait réussi. Or, c'est en ce plus haut degré de la sagesse auquel on ne peut parvenir que par les vrais principes que consiste le souverain bien de la vie humaine. Notre achèvement et notre perfectionnement en dépendent. »

On comprendra difficilement aujourd'hui, en notre siècle affairé et sceptique, l'attrait de ces études si graves et si austères sur l'âme de la princesse : et comment elle allait, sur la foi d'un tel maître, s'élancer sur ses traces à la recherche du souverain bien. Mais, au XVIIe siècle, il n'était pas rare de voir des femmes même se consacrer à l'étude de la sagesse, et se dévouer à la science. Il semble que, plus près de ces sources de l'infini, dont Malebranche et Spinosa se sont énivrés, l'âme alors se repliait volontiers sur ces hauteurs qui sont devenues inaccessibles. La suprême sagesse, ou, comme on l'appelait alors, le souverain bien, la béatitude, exerçait son magique attrait sur l'âme d'une grande princesse aussi bien que sur l'esprit d'un obscur étudiant. Elle se sentait comme attirée vers cette connaissance du cinquième genre qui, suivant un disciple fourvoyé, mais puissant de Descartes, produit la joie et l'amour éternels, qui fait le bonheur et la liberté, et qui consiste enfin à méditer sur l'infini dans l'oubli du temps, des figures, de l'imagination et des sens.

On n'attend pas de nous que nous reprenions ici le système entier de Descartes et toute sa physique, d'après le livre des *Principes*. Cette hypothèse hardie ne paraît pas d'ailleurs avoir été ce que la princesse prisait le plus dans l'œuvre de son maître et de son ami. Le silence d'Élisabeth sur ce point est même très-significatif, et nous croyons prudent de l'imiter ici. Sans doute l'envoi fut agréé, comme on devait s'y attendre, et Descartes lui répondit à La Haye : « La faveur que me fait Votre Altesse de n'avoir pas pour désagréable que j'aie osé témoigner en public combien je l'estime et je l'honore est plus grande et m'oblige plus qu'aucune autre que je pourrois recevoir d'ailleurs. » Mais, dans ces termes mêmes, on remarquera que rien n'autorise à supposer que la princesse ait approuvé ses hypothèses de physique, ou même qu'elle se fût laissé séduire aux tourbillons ; et tout nous prouve, au contraire, dans le reste de cette correspondance, qu'elle réservait son admiration pour ses découvertes psychologiques (1).

Les lettres de Descartes à la princesse Palatine, nous font en quelque sorte assister à ses premiers entretiens avec Elisabeth. Que n'avons-nous aussi les demandes et les objections de la princesse! Nous pourrions ainsi recomposer de toutes pièces une sorte de commerce philosophique qui rappellerait pour la profondeur celui de Leibniz avec la reine de Prusse, et pour la variété, les lettres d'Euler à une princesse d'Allemagne.

La première de ces lettres est de 1643. Lorsque Descartes l'écrivit, il avait déjà vu la princesse, elle l'avait appelé au-

(1) Voir la note B, à l'Appendice.

près d'elle à La Haye. Elle avait même engagé avec lui une de ces conversations philosophiques où elle excellait, et Descartes paraît encore ébloui et charmé de ce qu'il avait vu et de ce qu'il avait entendu dans ce premier entretien.

« Madame,

« La faveur dont Votre Altesse m'a honoré en me faisant recevoir ses commandements par écrit, est plus grande que je n'eusse jamais osé espérer ; et elle soulage mieux mes défauts, que celle que j'aurois souhaitée avec passion, qui étoit de les recevoir de bouche, si j'eusse pu être admis à l'honneur de vous faire la révérence et de vous offrir mes très-humbles services, lorsque j'étois dernièrement à La Haye ; car j'aurois eu trop de merveilles à admirer en même temps, en voyant sortir des discours plus qu'humains d'un corps si semblable à ceux que les peintres donnent aux anges ; j'eusse été ravi de même façon que me semblent le devoir estre, ceux qui venant de la terre entrent nouvellement dans le ciel : ce qui m'eut rendu moins capable de répondre à Votre Altesse, qui sans doute a déjà remarqué en moi ce défaut, lorsque j'ai eu ci-devant l'honneur de lui parler ; et votre clémence l'a voulu soulager, en me laissant les traces de vos pensées sur un papier, où les relisant plusieurs fois, et m'accoutumant à les considérer, j'en suis véritablement moins ébloui, mais je n'en ai que plus d'admiration, remarquant qu'elles ne paroissent pas seulement ingénieuses à l'abord, mais d'autant plus judicieuses et solides que plus on les examine. »

Ce début un peu emphatique prouve que Descartes avait été mis sous le charme dès le premier entretien. Mais cette lettre sauf le début, est déjà toute philosophique. Elle présente même cette particularité intéressante que la princesse demande déjà des explications et adresse des objections à Descartes. Elle a lu le Discours de la Méthode et les Méditations ; elle en a été satisfaite, sauf sur un point où Descartes lui paraît incomplet, à savoir « ce qu'il faut penser de l'union de l'âme avec le corps. » Lisez le volume entier d'objections que les théologiens et les savants ont adressées à Descartes, et vous n'en trouverez pas une seule qui porte aussi juste et aussi loin que cette simple remarque de la princesse.

Tout Descartes est dans le dualisme de la matière et de la pensée : il a mis d'un côté l'esprit, et de l'autre l'étendue, ici l'âme, plus loin le corps dans un isolement et une indépendance absolus l'un de l'autre. Il a par ce fait supprimé tout rapport de l'âme au corps et du corps à l'âme, aboli toute influence naturelle de l'esprit sur la matière, ou de la matière sur l'esprit. Comment expliquera-t-il maintenant leur union ?

Je remue la main, lui disait Élisabeth, à qui dois-je rapporter son mouvement ? Est-ce à l'âme ou au corps ? Si c'est à l'âme, elle agit donc sur le mouvement et par conséquent sur l'étendue. Mais quelle est la nature de cette action ? Est-elle physique et réelle dans toute la force du terme ? Est-ce au contraire quelque chose d'idéal, comme une réflexion que je fais. Et mon esprit peut-il suivre ce mouvement à l'extrémité de mon bras ?

Descartes eut bien voulu échapper à ces pressantes questions ; de tout autre il les eût trouvées indiscrètes : il s'en explique à elle avec bonhomie et finesse : « Puisque Votre Altesse voit si clair, lui dit-il, qu'on ne lui peut dissimuler aucune chose, je tâcherai de la satisfaire, » et il essaie de répondre à ses questions embarrassantes : mais cet essai n'est point du tout satisfaisant. Le dualisme cartésien a complètement échoué sur ce problème qu'il déclarait insoluble, et l'essai de solution que Descartes présentait à la princesse n'est point une solution, c'est plutôt une fin de non-recevoir. Élisabeth ne fut point satisfaite de sa réponse. Elle trouvait encore de l'obscurité dans cette notion de l'union de l'âme et du corps, et en vraie cartésienne, elle voulait être éclaircie de ses doutes. Elle insista dans sa réponse, critiqua Descartes, objecta qu'il lui paraissait difficile de comprendre que l'âme immatérielle pût mouvoir le corps et en être mue.

La réponse que fit Descartes est cette fois plus précise, et contient tout à la fois un aveu et une belle doctrine. Cette doctrine que nous retrouvons aussi dans ses principes consistait à distinguer trois états de nos connaissances, relatifs aux trois sortes de notions qu'a notre âme, et aux opérations par lesquelles nous les avons. Le premier, celui de l'entendement pur, qu'il appelle ailleurs, la contemplation, est la source première des vérités de la métaphysique : il nous donne la connaissance de Dieu et de nous-mêmes. C'est le plus noble et le plus élevé de tous. Quoi de plus beau en effet, qu'une âme qui se pense elle-même ; elle trouve en soi les idées de plusieurs choses et elle les contemple simplement sans rien affirmer et hors de danger de se méprendre (1).

Le second degré nous donne la connaissance du corps, réduit à la notion primitive de l'étendue. L'instrument des connaissances de ce second degré est encore l'entendement,

(1) *Œuvres complètes*, t. IX, éd. Cousin.

mais aidé de l'imagination. En effet, les figures et les mouvements au sein de la masse étendue ne s'expliquent pas aussi bien par l'entendement seul que par l'entendement aidé de l'imagination. C'est la base de toutes les connaissances mathématiques. Ces deux procédés ne nous font pas *sortir du domaine de l'entendement*.

Le troisième, au contraire, nous mène à l'état du sens commun, à la vie pratique, à la science commune : « Les connaissances de ce degré n'ont point de rapport aux premières. Ce sont des vérités d'expérience qui ne se connaissent qu'obscurément par l'entendement seul, ni même par l'entendement aidé de l'imagination. Et il *faut bien convenir* que nous les devons à une autre source de nos connaissances, à savoir les sens. C'est dans cette troisième classe que doivent être rangées les choses qui appartiennent à *l'union de l'âme et du corps.* »

« Les pensées métaphysiques, qui exercent l'entendement pur, dit Descartes, servent à nous rendre la notion de l'âme familière, et l'étude des mathématiques, qui exerce principalement l'imagination en la considération des figures et des mouvements, nous accoutume à former des notions du corps bien distinctes. Et enfin c'est en usant seulement de la vie et de la conversation ordinaires, et en s'abstenant de méditer et d'étudier aux choses qui exercent l'imagination, qu'on apprend à concevoir l'union de l'âme et du corps. »

C'est là cet aveu qui dut coûter beaucoup à Descartes, puisqu'il était *forcé de convenir*, c'est le mot qu'il emploie, que les sens sont aussi une source de nos connaissances, et l'une des plus abondantes. C'était en quelque sorte la réhabilitation et presque l'apologie des sens par un spiritualiste qui en avait beaucoup trop médit dans ses premiers ouvrages.

Les explications qui accompagnent cet aveu sont franches et explicites. Elles ont rapport à l'usage et à l'abus de la métaphysique : elles peuvent se résumer ainsi : « Défions-nous de la métaphysique. »

Si je n'avais là, sous mes yeux, le texte de la lettre à Élisabeth, où Descartes lui fait expressément une telle recommandation, et si je ne l'avais rapproché d'une relation manuscrite de ce grand homme, où, sous une forme aphoristique, se retrouve le même conseil, presque dans les mêmes termes, j'hésiterais à croire que c'est Descartes qui parle : « Je puis dire, avec vérité, lui écrit-il, que la principale règle que j'ai toujours observée en mes études, et celle que je crois m'avoir le plus servi pour acquérir quelque connaissance, a été, que je n'ai jamais employé *que fort peu d'heures par jour* aux pensées qui occupent l'imagination, et *fort peu d'heures par an* à celles qui occupent l'entendement seul, et que j'ai donné *tout le reste de mon temps* au relâchement des sens et au repos de l'esprit. C'est ce qui m'a fait retirer aux champs, encore que dans la ville la plus occupée du monde je pourrois avoir autant d'heures à moi que j'en emploie maintenant à l'étude. » Et pour que cette pensée n'étonne pas la princesse, il l'explique en ces termes :

« Comme je crois qu'il est très-nécessaire d'avoir bien compris une fois en sa vie les principes de la métaphysique, à cause que ce sont eux qui nous donnent la connaissance de Dieu et de notre âme, je crois aussi qu'il seroit très-nuisible d'occuper souvent son entendement à les méditer, à cause qu'il ne pourroit si bien vaquer aux fonctions de l'imagination et des sens, mais que le meilleur est de se contenter de retenir en sa mémoire et en sa créance les conclusions qu'on en a une fois tirées, puis employer le reste du temps qu'on a pour l'étude aux pensées où l'entendement agit avec l'imagination et les sens. »

Rien n'était plus sage que cette maxime dégagée du tour paradoxal que Descartes lui avait donné pour la mieux graver dans l'esprit de son élève. Ce philosophe distinguait trois degrés de nos connaissances : la métaphysique, les mathématiques et la science pratique de la vie, et il faisait la part de chacune dans la vie de l'homme. La métaphysique, il est vrai, disait-il, nous élève bien haut : elle nous fait quitter terre, elle nous donne un avant goût de la contemplation. Mais comme c'est un commencement d'intuition qui est comparable à l'extase, elle doit être courte comme tous les ravissements. *Donnons-lui une heure par an.* Les mathématiques, au contraire, emploient un procédé moins relevé ; elles exercent l'imagination par les figures et se servent pour le raisonnement du procédé déductif ; elles sont donc d'un usage plus quotidien ; mais comme c'est encore l'*à priori* qui domine dans cette science, sachons nous en servir pour découvrir des vérités abstraites, mais ne lui laissons pas usurper l'empire de nos âmes : *donnons-lui une heure par jour*. Et tout le reste de notre temps, consacrons-le à cette science pratique de la vie où l'entendement agit avec l'imagination et les sens, où l'âme ne se sépare pas du corps, où tout ce que distingue l'analyse conspire par son union à nous donner le bonheur.

Descartes entrait dans une nouvelle phase de sa vie de philosophe. Sans vouloir rechercher s'il n'y avait pas là comme le premier germe d'une distinction féconde entre l'entendement pur et la raison pratique que Kant renouvellera plus tard, il est impossible de méconnaître un changement et, selon nous, un progrès dans la doctrine de ce philosophe ainsi ramené sur terre par son élève.

Descartes réhabilitait les sens qu'il avait condamnés. Descartes signalait l'écueil des sciences abstraites qu'il avait trop aimées. Sans doute, il n'avait pas toujours été aussi réservé. Il avait d'abord consacré, quoi qu'il en dise, beaucoup d'heures par an à la métaphysique et plus d'une heure par jour aux mathématiques, lorsque renfermé dans un poêle en Bavière il s'éloignait de tout, et se concentrait dans ces études profondes à ce point qu'on le crut devenu fou ou du moins visionnaire. Mais si Descartes avait éprouvé les joies vives de la contemplation et l'étrange fascination des mathématiques, il en avait aussi connu le danger. Il sentait que ces études abstraites, qui dessèchent le cerveau et qui ébranlent le corps, ces intuitions vives que rien ne distingue plus de l'extase, ne sauraient se continuer longtemps sans inconvénient pour le corps et pour l'esprit et qu'elles ne sauraient d'ailleurs remplacer cette science totale de l'homme qu'il avait d'abord trop négligée, mais à laquelle il aspire maintenant et qu'il appelle d'un beau nom la science de la vie.

Mais si ces études abstraites trop continuées n'étaient pas sans danger pour les hommes, elles étaient pleines de périls pour les femmes. Descartes avait trop de tact pour ne pas voir cet écueil, il en avait trop aussi pour décourager la princesse d'études dans lesquelles elle excellait. Il sentait qu'entre l'usage et l'abus de la métaphysique pour les femmes, la limite était presque imperceptible : et il cherchait à poser la borne heureuse où elles doivent s'arrêter. Il voulait que le goût des sciences abstraites ne les empêchât pas de se livrer à une science plus complète, dont le besoin n'est pas moins grand pour les femmes que pour les hommes. Car c'est pour elles surtout que l'étude pratique de la vie est nécessaire. Cette science totale de l'âme unie au corps, que la métaphysique ne donne pas, que les mathématiques n'apprennent point, est indispensable pour leur enseigner à se diriger dans le monde, à bien gouverner leur maison et à ne se point blesser aux écueils de la route.

Cette doctrine est celle de tous les honnêtes gens, de Fénelon et de Madame de Maintenon aussi bien que de Descartes lui-même. Cet accord même est surprenant, et, lorsqu'on tient compte des différences du monde pour lequel ces auteurs écrivaient, il prouve que Descartes, sur ce point de l'éducation des femmes comme sur tant d'autres, a les véritables principes.

Toutes les femmes ont lu le traité de l'*Éducation des Filles* où le pieux archevêque de Cambrai recommandait aux mères, pour parer à la ruine imminente des familles et produire tout le bien qui se peut faire par la femme, de leur enseigner dès l'enfance la religion chrétienne, non sans l'entourer de ces belles vérités sur l'existence de Dieu et sur l'immortalité de l'âme qui forment son plus beau cortége. Fénelon admettait donc une certaine philosophie pour les femmes et leur en recommandait l'étude : il se plaignait que leur éducation fût négligée et non pas qu'elle fût trop soignée. Seulement, le siècle avait marché depuis Descartes, et les progrès de la corruption des mœurs avec lui. La femme savante allait céder le pas à la femme philosophe. Fénelon avait trop d'esprit pour ne pas craindre les femmes romanesques et trop de prudence pour ne pas redouter les femmes philosophes dont le règne allait venir. Tout le monde connaît le portrait qu'il a tracé des savantes : « Une femme curieuse, qui se pique de savoir beaucoup, se flatte d'être un génie supérieur et méprise les amusements et les vanités des autres femmes. Elle se croit solide en tout et rien ne la guérit de son entêtement. » Il blâmait donc avec ces admirables tempéraments dans lesquels il excelle des études qui sentiraient trop la philosophie, il les regardait comme inutiles ou dangereuses et contraires à l'exacte sobriété que demande l'éducation des filles : et parlant en général à toutes les mères, il disait ces belles paroles qu'il faut toujours citer : « Retenez leur esprit le plus que vous pourrez dans les bornes communes : apprenez-leur qu'il doit y avoir pour leur sexe une pudeur sur la science presque aussi délicate que celle qu'inspire l'horreur du vice. »

Mais ce qu'on ignore, c'est que Descartes réclamait dans les mêmes termes cette pudeur sur la science presque aussi délicate que l'autre, et que cette pensée du pieux archevêque est toute cartésienne. Parmi les pensées de Descartes retrouvées récemment, il en est une qui m'a toujours paru la plus belle. Il compare la science à une femme que l'on aime et qui s'avilit en se prodiguant : « La science, dit-il, est comme une femme : elle doit avoir sa pudeur, sa chasteté (c'est le mot qu'il emploie); elle s'avilit en se prostituant : *Scientia est velut mulier : si casta apud virum maneat, colitur : publica vilescit.* » Cet accord des plus beaux esprits du siècle, sur cette question de l'éducation des femmes, porte son enseignement.

Madame de Maintenon est en possession d'une légitime autorité sur ce sujet. Témoin de la suffisance impertinente et affectée des unes, de l'ignorance et de la frivolité des autres, elle cherchait dans l'enseignement de la morale et de la religion un remède à tant de maux. Lorsque effrayée des exemples qu'elle avait sous les yeux, elle cherchait à prémunir Saint-Cyr contre le double écueil du romanesque et du pédantisme et disait aux dames de cette maison : « encore une fois, vos demoiselles ont infiniment plus besoin d'apprendre à se conduire chrétiennement dans le monde et à bien gouverner leur famille avec sagesse que de faire les femmes savantes : les femmes ne savent jamais qu'à demi, et le peu qu'elles savent les rend communément fières, dédaigneuses, causeuses et dégoûtées des choses solides : » elle ne faisait que répéter les conseils de Fénelon. Lorsqu'ensuite elle définissait avec une véritable élévation ce mérite solide qu'elle veut à ses élèves, on croirait entendre Descartes s'adressant à la princesse Élisabeth : « Il y a, disait-elle, dans quelques femmes, une grandeur artificielle attachée au mouvement des yeux, à un air de tête, aux façons de marcher et qui ne va pas plus loin ; un esprit éblouissant et qui impose, et que l'on n'estime que parce qu'il n'est pas approfondi. Il y a dans quelques autres une grandeur simple, naturelle, indépendante du geste et de la démarche, qui a sa source dans le cœur et qui est comme une suite de leur haute naissance, un *mérite paisible,* mais solide, accompagné de mille vertus qu'elles ne peuvent couvrir de toute leur modestie, qui échappent et qui se montrent à ceux qui ont des yeux. » Ce mérite paisible, qu'on voyait luire dans la princesse Élisabeth et que la reine de Bohême n'avait point reconnu d'abord, était précisément ce qui lui avait attiré Descartes qui n'avait qu'une médiocre estime pour les demi-vertus et les demi-talents que le monde honore, mais qui était trop sensible à la vraie grandeur pour ne pas la découvrir dans l'âme forte et généreuse de son élève.

Ainsi, tous les grands esprits du xviie siècle sont d'accord pour recommander aux femmes l'étude de la morale et de la religion, et pour les prémunir contre l'abus de la métaphysique et du bel esprit : seule, une femme elle-même célèbre, et de plus très-savante, Mlle Anna-Maria de Schurmann, que l'admiration de ses contemporains plaçait au premier rang, prit en main la cause de la femme savante et écrivit une dissertation sur la question de savoir si l'étude des lettres et de la philosophie convient à la femme chrétienne. Dans cette dissertation d'ailleurs fort bien faite, Mlle de Schurmann, protestant au nom de son amour pour les lettres et de l'égalité de l'homme et de la femme, réclame pour elles, surtout dans un siècle où la sagesse devient un ornement en quelque sorte indispensable, cette parure la plus belle de toutes : *mundus hic omnium pulcherrimus,* et elle appelle ses compagnes à s'illustrer sous les auspices de Minerve qui porte la toge et non le bouclier : *non tam armatæ quam togatæ Palladis præsidio.* Elle cite les femmes qui se sont signalées par la part éclatante qu'elles prirent à la renaissance des lettres, et elle finit par une invocation aussi noble que touchante « à celle qui ne sera jamais surpassée, à cette femme incomparable qui savait presque toute les langues de l'Europe, à cette princesse accomplie qui sacrifia jeunesse, honneurs, fortune et beauté à l'étude et au culte des lettres, à *Jane Gray*, enfin, la vierge martyre dont la voix de cygne, comme elle le dit éloquemment, s'était fait entendre non dans l'ombre d'une école, mais sur l'échafaud du supplice ! » Belle et touchante pensée qui terminait dignement ce plaidoyer en l'honneur de la femme instruite et même savante !

Mlle de Schurmann avait raison de revendiquer pour les femmes un certain degré d'instruction; mais Descartes ne leur interdisait pas l'étude de la philosophie; il présentait la sienne sous des formes qui la rendaient abordable à toutes : il croyait les femmes éducables et capables de diriger leur raison par la méthode et d'atteindre le vrai. Seulement, il cherchait à les prémunir contre l'abus de la philosophie et surtout de la mauvaise philosophie; et il blâmait l'étude de la scolastique qui les rend pédantes.

Le moindre inconvénient du pédantisme chez les femmes, c'est qu'elles n'ont plus de sexe. On nous a conservé les vers qu'envoyait ou que recevait Mlle de Schurmann. Rien n'est plus étrange. Mlle de Schurmann est l'objet d'épigrammes entre savants, où l'on se dispute l'honneur d'avoir reçu ses premières faveurs intellectuelles. Le latin dans les mots brave l'honnêteté, et ses admirateurs ne se font point scrupule *d'équivoquer* sus :

Serus amas : sero nimium tibi poscitur Anna.
Prævertit stimulos nostrâ libido tuos.
Hanc tetigi, hanc pupugi : sed non est Phillida Mopsus,
Jupiter Asterien, Cynthius Antiopam.
Et tetigi tamen et pupugi : sed carmine blando
Inque vicem blando carmine me pupugit.
Succuba nemo fuit, nemo fuit incubus, insons
Virginitas, insons flamma thorusque fuit :
Ergo sumus gemini, verum sine crimine mœchi.
At mea laus hæc est : me coiisse priùs

Que devient alors l'*insons virginitas ?*

Un autre lui écrit :

Quod sequiore viris memoretur femina sexu.

et finit ainsi :

Si nullus : sexu cur meliore viri ?

De toutes parts éclate un concert de louanges absurdes et ampoulées, dont le moindre tort est de la comparer aux hommes, de dire qu'elle a vaincu son sexe, qu'elle surpasse le nôtre :

Mascula mens aliis torpet, premiturque virilis
Fœmineo tandem pondere victa manus :
Hic superat natura fidem : Schurmania sexum
Egregio vincit corpore, mente viros.

Il n'y a pas jusqu'à un jésuite, Janus, recteur de l'école latine à Bère, qui ne fasse chorus avec ses plus fades complimenteurs et qui l'appelle une *virago*, une Minerve virile :

Aurea virgo jacet, virgo admiranda virago est.
Lingua virum loquitur, loquitur lingua unica linguas,
Quarta Charis, decima est Musarum, mascula Pallas.

Barlœus, qui a la palme de l'exagération prétentieuse dans ce tournoi, écrit à Huyghens dans un style précieux que comme elle n'aime que le *divin* et l'excellent, elle ne peut épouser un simple mortel, et qu'elle attend que les Dieux la courtisent : *Deos amasios exspectat.*

Un autre défaut du pédantisme, doublement pernicieux chez les femmes, c'est l'affectation, ce qu'on appelle bel esprit et ce que Molière a si bien appelé l'esprit précieux : Schurmann en fut atteinte : il régnait en Hollande aussi bien qu'à Paris, et il s'insinuait jusque dans les salons de La Haye, à la faveur de cette grande émulation pour les lettres, qui était comme un souvenir ou une continuation de la renaissance, de l'époque de Juste Lipse et de Scaliger. Des hommes graves s'amusaient à faire des vers latins et avaient leurs moments de caprices et d'oubli : *momenta desultoria*. On s'envoyait de mordantes épigrammes, ou des odes anacréontiques. Les femmes inspiraient les poètes ou acceptaient leurs défis. Mlle de Schurmann était une dixième muse. Quelle est la part d'Élisabeth dans ce travers alors si commun? Est-elle aussi affectée de la maladie du siècle? A-t-elle l'esprit précieux? La question n'est pas sans intérêt.

On a accusé le cartésianisme de complicité avec les femmes savantes de Molière : c'est une cartésienne, a-t-on dit, et une cartésienne seulement, qui peut se plaindre que son père a *la forme enfoncée dans la matière* et qu'il *fait sombre dans son âme* (1). C'est une cartésienne encore,

---

(1) *Précieuses ridicules*, act. I, sc. 1.

cette Bélise des femmes savantes qui décrit ainsi le bonhomme Chrysale :

> Est-il de petits corps un plus lourd assemblage ?
> Un esprit composé d'atomes plus bourgeois ?
> Et de ce même sang se peut-il que je sois ?

car elle se sert ici de traits empruntés à la philosophie de Descartes et à sa réfutation de Gassendi, *oh caro ! oh spiritus !* Le genre précieux, cette quintessence du bel esprit a donc des rapports évidents avec le spiritualisme cartésien. C'en est le raffinement et la subtilité, et en effet il était bien impossible que ces raffinements d'esprit ne produisissent pas dans le monde ces raffinements de langage, ce style précieux et maniéré qui n'est que l'abus ou la quintessence du spiritualisme. Relisez ces vers de la première scène du 1er acte :

> A de plus hauts objets élevez vos désirs,
> Songez à prendre un goût des plus nobles plaisirs ;
> Et, traitant de mépris les sens et la matière,
> A l'esprit, comme nous, donnez-vous tout entière.

Et plus loin :

> Mariez-vous, ma sœur, à la philosophie.

C'est précisément ce qu'a fait Élisabeth d'après les conseils de son maître. Voilà donc Descartes accusé et presque convaincu de faire des précieuses, et pour tout dire enfin, des *femmes savantes*. Le reproche est spécieux : je ne le nie pas, et je ne cherche pas même à l'atténuer. Certes, si pour mériter le nom de savante et de précieuse, il suffit de mépriser les sens *dont l'appétit grossier aux bêtes nous ravale* et de se rendre sensible aux *charmantes douceurs que l'amour de l'étude épanche dans les cœurs,* si Molière, enfin, c'est Chrysale disant :

> Nos pères, sur ce point, étaient gens bien sensés
> Qui disaient qu'une femme en sait toujours assez
> Quand la capacité de son esprit se hausse
> A connaître un pourpoint d'avec un haut-de-chausse,

Chrysale a raison, et Descartes doit avoir tort : Élisabeth est une précieuse et une femme savante. Mais je n'accepte pas pour ma part cet arrêt qui me paraît superficiel et inique non-seulement pour Descartes, mais surtout pour Molière. Et d'abord le plus simple bon sens exigeait de lire jusqu'au bout et de tout citer. Car enfin c'est calomnier Molière que de croire que notre grand comique, dont l'esprit sensé condamne tout excès, aille jusqu'à proscrire toute science et de lui faire épouser en ce point les opinions du bonhomme Chrysale. On aurait dû se rappeler au moins ce discours si mesuré de Clitandre, qui bien évidemment représente ici l'opinion de tous les hommes sensés et qui me paraît décisif :

> *Je consens qu'une femme ait des clartés de tout ;*
> *Mais je ne lui veux pas la passion choquante*
> *De se rendre savante afin d'être savante,*
> *Et je veux que, souvent, aux questions qu'on fait,*
> *Elle sache ignorer les choses qu'elle sait.*

Voilà cette fois la vraie doctrine, et les vrais principes de l'éducation des femmes, ceux qui ont pour eux la raison et le sens commun et Descartes. Car ce philosophe, bien éloigné, nous l'avons vu, de leur recommander une étude excessive de la métaphysique, les retenait en deçà des bornes, et au lieu de faire une savante de son élève la princesse Élisabeth, il cherchait à en faire une femme courageuse et forte, digne enfin de ce beau portrait qu'avait tracé Montaigne, son prédécesseur, et qui paraît si bien convenir à la princesse : « Je ne sais si les exploits de César et d'Alexandre surpassent en rudesse la résolution d'une belle jeune femme, nourrie à notre façon, à la lumière et au commerce du monde, battue de tant d'exemples contraires, se maintenant entière au milieu de mille continuelles et fortes poursuites. Il n'y a point de faire plus épineux, qu'est ce non-faire, ni plus actif. »

Nous avons montré Élisabeth soustraite aux influences de la scolastique par une philosophie nouvelle qui n'est autre que le cartésianisme, se consacrer à son étude et proposer à Descartes ses doutes et ses objections. Descartes, frappé de son mérite lui offre la dédicace des *Principes*. Mais cet ouvrage qui contient son système du monde est muet sur la morale. Élisabeth, minée par le chagrin et déjà malade, va lui demander sa morale et son hygiène de l'âme. Descartes, pris au dépourvu, se contentera d'abord de lui envoyer quelques lettres sur la vie heureuse dont il avait emprunté la première idée aux stoïques, mais en les corrigeant par Aristote et Épicure, et en y joignant ses vues propres. Toutefois il ne s'en tint pas là, et il sentit bientôt le besoin de réfléchir pour son propre compte sur ces grands objets de l'âme, le bonheur, la vertu et les passions. C'est de ces réflexions plus originales, mais encore très-imparfaites qu'est né le traité *des Passions*. Les lettres sur le bonheur adressées à la princesse, en furent l'occasion : mais la princesse elle-même, à qui il communiqua le livre avant de le publier, en est encore l'objet. On remarquera cette unité nouvelle, qui se découvre dans l'œuvre de Descartes, depuis le moment où il a connu Élisabeth. A partir de ses *Principes de philosophie*, il lui a dédié tous ses ouvrages ou les a composés à son intention. C'est parce qu'elle est malheureuse qu'il lui écrit des lettres sur le bonheur, et c'est en lui écrivant sur ce sujet qu'il fut amené à réfléchir sur les passions : il nous le dit lui-même.

Descartes va donc faire l'essai de sa morale et de son hygiène de l'âme sur une femme qui s'est vouée à l'étude de sa philosophie. Il est mis par son élève en demeure de s'expliquer sur ce que cette philosophie peut pour préserver une âme du chagrin et la prémunir contre les coups du sort. Nous savions bien que cette philosophie était faite pour donner les plus vives jouissances à l'esprit qui s'y livre, mais Élisabeth va lui demander quelque chose de plus. Elle l'a prise en quelque sorte pour guide de sa vie; non-seulement elle en a fait l'ornement dans la prospérité, mais elle en attend des consolations dans l'infortune.

C'est là l'intérêt tout particulier de cette étude. Il ne s'agit plus ici de vagues spéculations sur la nature de l'être en général, mais de philosophie pratique et morale.

Élisabeth se trouvait alors (1645) dans une crise morale qui exerça sur sa santé les plus tristes effets. Des chagrins cuisants lui ôtaient tout repos; sa mère, la reine de Bohême, femme impérieuse et légère, ne l'aimait pas et ne pouvait voir sans aigreur le goût toujours croissant d'Élisabeth pour la philosophie. Cette femme ambitieuse n'avait point su comprendre Élisabeth, en qui l'éclat de la race des

Stuarts se trouvait voilé sous le nuage. De ses frères, deux qu'elle aimait avec tendresse étaient morts malheureusement, et le plus aimable, Ruprecht jouait, dans la guerre civile d'Angleterre, un rôle qui l'exposait aux plus grands dangers. Enfin la Palatine Anne de Gonzague lui ravissait son autre frère Édouard, dont l'abjuration remplit cette âme fière d'une amère tristesse. Vers la même époque, Louise Hollandine, sa sœur, quittait la maison de sa mère, seule la nuit, sans autre escorte qu'un officier français, nommé ~~Laroque~~ [L'Espinay], et sa fuite romanesque, qui avait été l'objet des plus singuliers commentaires, devait avoir le même dénouement que le mariage d'Édouard : c'est-à-dire une abjuration, aidée cette fois par le don d'une abbaye de quarante mille livres de revenu. Enfin les affaires de la famille Palatine étaient loin de s'améliorer : la cause des Stuarts paraissait perdue. C'était donc une douloureuse destinée que celle de cette jeune femme de vingt-sept ans, sans cesse exposée aux coups de l'adversité; qui avait cru trouver dans la philosophie un port assuré contre elle et qui se voyait de nouveau rejetée au milieu des traverses et des agitations.

Ses chagrins même altérèrent sa santé. Ce n'était déjà plus la belle jeune fille dont nous avons vu Wladislas de Pologne briguer la main. Une secrète douleur minait ce corps que les veilles avaient fatigué. Elle ne se plaignait pas de ses maux; mais elle constatait dans ses lettres à Descartes les effets du mal et les premiers ravages de la maladie. Le foie et les poumons étaient atteints. Déjà même les médecins l'avaient envoyée aux eaux de Spa, où elle se trouvait en ce moment sans en ressentir d'amélioration.

C'est dans ces circonstances que Descartes, retenu en

Hollande, lui écrivit à Spa plusieurs lettres dont il faut dire un mot.

Descartes vit de suite, avec le coup d'œil du philosophe et de l'homme du monde, que le remède dépendait de deux grandes sciences, auxquelles il fait souvent allusion dans ses écrits, dont l'étude l'occupait alors et qu'il appelait même depuis quelque temps à son aide, mais enfin qu'il ne possédait pas parfaitement. Je veux parler de la médecine et de la morale.

La médecine n'était pas sans doute entièrement inconnue à Descartes. Il s'occupait de l'art de guérir : il avait même la plus haute estime pour cette science et il voulait y consacrer le reste de sa vie. Mais il est trop évident que Descartes n'était pas médecin, dans le sens vrai de ce mot et malgré un ingénieux paradoxe de M. Lemoine sur *Descartes médecin* (1).

Descartes comprit à merveille tout ce qui lui manquait, non-seulement du côté de la médecine, mais du côté de la morale, pour entreprendre une cure aussi difficile : « La morale, a-t-il dit dans ses principes, est le fruit le plus parfait de l'arbre de la science : » et il annonçait cette science future comme un résumé et un consommé de toutes les autres. Mais ce n'était encore là qu'un pieux désir qui en attestait d'autant mieux l'absence. Lorsqu'on réfléchit en effet au point où il était arrivé vers cette époque des *Principes*, tout en admirant la beauté et la fécondité de ses méthodes, qui lui avaient donné de si intéressants

(1) M. Lemoine a publié son étude sur *Descartes médecin* dans un recueil de ses derniers travaux sur *l'âme et la vie*.

résultats, on est presque effrayé de ce qui lui manquait pour qu'il atteignît ces branches supérieures, et qu'il cueillît ces fruits parfaits de l'arbre de la science. Il n'avait pas cette psychologie délicate sans laquelle l'hygiène de l'âme est impossible. Il ne l'avait pas plus qu'il ne possédait cette physiologie plus avancée, sans laquelle la vie reste un livre fermé.

Le traité *des Passions*, dont la composition remonte à cette époque, bien qu'il ne fût publié que quatre années plus tard (1649), atteste ces lacunes si regrettables. Sans doute ce livre que Leibniz annotait, que Spinosa a médité longuement, que Clauberg appelait un chef-d'œuvre de logique (1), et qui est enfin le lien de sa métaphysique et de sa morale, ne mérite pas l'injuste oubli où il est laissé par rapport aux autres ouvrages de ce philosophe. Descartes y enseignait à la princesse à laquelle il l'avait communiqué en manuscrit, et pour laquelle il fut composé (2), « que la générosité, l'admiration et la vénération sont les passions maîtresses d'une belle âme, que l'amour et la dévotion ont une source commune et un même effet, le respect : que nous avons un pouvoir absolu sur nos passions. » Mais il se mêlait à cette noble doctrine de singulières erreurs qui la déparent et qui tiennent toutes au vice ou aux lacunes de sa psychologie encore fort imparfaite. Le traité *des Passions* repose au fond sur une double erreur,

---

(1) *Cartesius nusquam apertius est logicus quam in libro de Passionibus animæ.*

(2) Les lettres sur le bonheur adressées à la princesse furent l'origine du traité *des Passions.* Voir la note C.

à savoir que *toutes nos passions sont des pensées*, et que tous *nos appétits sont des volontés*. Il suivait de la première que le cerveau était le siége unique des passions : théorie que Gall a développée jusqu'à l'absurde. Il s'ensuivait aussi que l'âme était un mécanisme comme le corps, et que les rêves ambitieux de Spinosa, qui a prétendu écrire une géométrie de l'amour et de la haine, dans son Éthique, étaient justifiés d'avance par ce petit livre. Il n'était pas moins faux de nous attribuer un pouvoir absolu sur nos passions, fondé sur ce que l'âme peut mouvoir à son gré la glande pinéale et de transformer ainsi tous nos appétits en volontés de l'âme. Toutes nos passions ne sont point des pensées, et tous nos appétits ne sont pas des volontés. Les premières jettent bien souvent le trouble dans nos pensées, et les seconds sont le plus souvent violents et sensuels. L'âme n'a pas ce pouvoir souverain sur une glande qu'elle remue à son gré. Les progrès de la physiologie et de la psychologie démontrent qu'une telle hypothèse est chimérique. Enfin il n'y a pas plus d'automate spirituel que de machine corporelle dans l'homme, et c'est pourquoi nous repoussons la doctrine du livre *des Passions*. L'homme, il est vrai, y apparaît avec ses vertus, même les plus chrétiennes, la générosité, le respect, l'humilité même. Mais cet homme n'est pas l'homme que nous concevons, sous cet attribut d'humanité. Sa vie n'est point la vie au sens où nous l'entendons. Son âme n'est point une âme, dans toute l'étendue de ce mot. C'est plutôt un agencement de ressorts qui produit les effets dont il parle, et dans ces mouvements si nobles, composés de ceux de l'admiration, de la tristesse et de la joie, on cherche en vain l'homme. L'homme de Descartes sans doute n'est pas la vulgaire machine gouvernée par un tempérament que nous présentera plus tard l'école matérialiste ; mais c'est une machine, et si la gloire en est le ressort principal, si elle est merveilleusement formée au respect et à la vénération, ce n'en est pas moins toujours une machine.

Ne nous plaignons pas toutefois : Descartes consulté par la princesse, se mit à l'œuvre : et nous devons à cette maladie d'Élisabeth les lettres sur la *vie heureuse* qui sont avec le traité *des Passions* tout ce qui nous reste de sa morale. Représentons-nous bien l'origine et le but de cette correspondance entre Descartes et la princesse. Élisabeth est aux eaux de Spa, malade, agitée, inquiète et surtout malheureuse. Elle écrit à Descartes pour lui demander ce que c'est que le bonheur dont il lui a si souvent parlé, et qu'elle a si peu connu jusqu'ici. Descartes, pris au dépourvu, se rappelle Sénèque et ses lettres sur la vie heureuse, *De vitâ beatâ :* il lui fallait un texte, il choisit celui-ci, nous dirons bientôt les motifs de ce choix.

A première vue, le livre de Sénèque sur la vie heureuse ne méritait pas l'honneur qu'il lui fit. Descartes semble le reconnaître dès la première lettre et il le corrige, ou plutôt il le refait. Sénèque, en effet, est un rhéteur qui sacrifie trop à la forme. Sa méthode, nous dit Descartes, n'est point exacte. Au lieu de prendre son sujet de haut et en philosophe qui raisonne d'après les données de la raison naturelle, de définir nettement ce qu'il entend par la vie heureuse : *Vivere beate*, et de faire une exacte revue des moyens d'y arriver, et surtout de nous indiquer ceux qui sont toujours en notre pouvoir, les seuls qu'il faille chercher, il hésite et il bégaie sur le souverain bien, se met à disputer contre Épicure, et s'occupe surtout de répondre à ceux qui reprochent aux philosophes de ne pas vivre selon les règles qu'ils nous vantent. Cette préoccupation en quelque sorte personnelle lui ôte toute autorité. Descartes, fidèle à sa méthode, rétablit de suite les vraies notions du souverain bien. Il distingue entre la béatitude, le souverain bien et la dernière fin, ou le but auquel doivent tendre nos actions. La béatitude n'est pas le souverain bien, mais elle le présuppose. La fin de nos actions peut s'entendre de l'un et de l'autre. Au lieu de s'amuser à réfuter Épicure, il réduit à trois la foule un peu confuse des sectes sur cette question du souverain bien, qui les avait fait éclore par milliers : à savoir Épicure, Zénon et Aristote. Avec un éclectisme très-remarquable pour le temps où il écrivait, il cherche à les concilier ensemble et à montrer que la volupté d'Épicure elle-même peut recevoir un bon sens tout aussi bien que le *Sustine* des stoïciens.

La seconde lettre abandonne Sénèque et roule sur les principes de la morale en général. Descartes commence par esquisser la sienne. Trois pensées forment le portique de cette morale : ce sont la bonté de Dieu, l'immortalité de nos âmes et la grandeur de l'univers. Je ne dirai rien des deux premières, parce qu'elles sont inattaquables et qu'elles formeront toujours les plus solides assises de l'édifice de la morale spiritualiste. Mais je ne saurais passer sous silence le troisième principe, la grandeur de l'univers. On ne comprendrait point d'abord que ce soit là une base de la morale, si Descartes n'en expliquait aussitôt la portée, en ajoutant que l'univers est un tout dont nous ne sommes qu'une partie et que la raison veut que la partie se sacrifie au tout. C'est là le principe qu'il ajoutait au spiritualisme de Platon et de saint Augustin. C'est à lui que je m'attacherai surtout.

La conception de l'ordre universel est, suivant Descartes, le but vers lequel le sage aspire ici-bas et fait partie de la béatitude. Nous ne sommes qu'une des parties de l'univers, et plus particulièrement encore l'une des parties de cette terre, de cet état, de cette société, de cette famille auxquels nous sommes joints par notre demeure, par notre serment, par notre puissance. Il faut donc préférer les intérêts du tout dont nous sommes parties à ceux de notre personne en particulier. C'est pourquoi une adhésion intelligente à l'ordre de l'univers est le fondement de la sagesse. La suprême sagesse ou, comme on l'appelait au xviie siècle, la béatitude, n'est autre chose que cette tranquillité de l'âme qui naît de la connaissance de Dieu et de notre rôle dans l'univers. Cette considération est l'origine de toutes les plus héroïques actions que fassent les hommes, et la source de tous les beaux dévouements à la patrie. Elle est aussi le principe de la religion qui n'est que le sentiment de la vénération très-développé, et celui de la dévotion suivant cette définition de l'amour par Descartes : « La nature de l'*amour* est de faire qu'on se considère avec l'objet aimé comme un tout dont on n'est qu'une partie et qui nous porte à nous sacrifier; lorsque, comme dans la *dévotion*, nous sentons *que la partie que nous sommes est inférieure au tout auquel nous nous unissons de volonté* (1). »

On ne saurait nier que Descartes n'ait encore ici laissé

---

(1). *Sur l'amour cartésien*, voir la note C.

une trace profonde et que cette adhésion à l'ordre universel auquel il voulait que chacun conformât sa conduite, ne soit un principe très-beau et très-excellent de la morale. Les stoïciens l'avaient professé avec une sorte d'austère grandeur. Mais enfin cette morale est connue, c'est celle de l'optimisme, et l'on peut se demander si pour le sujet particulier de cette étude, qui est de constater l'influence du Cartésianisme sur les femmes, elle était suffisante.

Descartes d'ailleurs n'a jamais entendu donner une morale : l'origine même de cette correspondance en est la preuve. Descartes, pris au dépourvu et ne sachant où trouver une morale pour la princesse Élisabeth, s'est souvenu de Sénèque qui, disciple des stoïciens, avait fait une exposition populaire de l'optimisme et dont quelques pensées ont paru chrétiennes à de bons juges. Descartes avait choisi son traité sur *le bonheur* pour y joindre ses vues propres et essayer d'y introduire cette sève spiritualiste qui coule en ses autres écrits. Tout en admirant le parti qu'il en tire, on peut se demander si c'était là le remède qui convenait le mieux à cette âme malade et à ce corps souffrant, et le trouver insuffisant.

Quelques conseils d'hygiène morale qui se trouvent aussi dans les lettres de Descartes à la princesse Élisabeth ne détruisent pas cette première impression. Fidèle à son optimisme, Descartes lui dit de fuir la tristesse, il lui recommande la joie et le contentement. Il est aisé à prouver, lui dit-il, que ce plaisir de l'âme auquel consiste la béatitude n'est pas inséparable de la gaieté et de l'aise du corps. Il lui cite son propre exemple : il s'est guéri enfant d'une maladie mortelle en se tenant en joie, il a toujours évité par-dessus tout l'humeur noire et les mauvais rêves ; il voudrait voir de même la princesse joyeuse, avec ce contentement d'esprit qui fait le bonheur ; il lui donne sa recette qui lui a toujours si bien réussi. Je le crois sans peine, mais ce n'est pas là le cas pour Élisabeth, qui éprouve les plus vifs chagrins et dont la tristesse prenait sa source dans les plus nobles sentiments. Il y a là d'abord une question de tempérament et de caractère sur laquelle une phrase des pensées jette une lumière plus vive : Descartes nous y apprend que « dans la tristesse ou le danger, ou bien quand il a des sujets de chagrin, son sommeil est profond et sa faim canine ; mais que si la joie le détend, il ne mange ni ne dort (1). » Ainsi c'est le chagrin qui double ses forces, et la joie qui lui ôte tout ressort. C'est là une complexion fort rare. Élisabeth n'avait point le tempérament ni le caractère de Descartes. Elle avait, c'est lui-même qui nous le dit, les passions plus fortes, et ce signe d'un esprit généreux inquiétait même son maître. Elle sentait plus vivement : elle avait, quoique bien jeune, été éprouvée par plus de maux ; enfin, elle était d'un naturel triste, mélancolique même. L'hygiène de Descartes ne pouvait donc lui convenir. Le tort de ce philosophe était ici de lui prêcher l'*art d'être heureux*, quand il fallait s'élever à quelque chose de plus haut : l'amour du sacrifice. Élisabeth le sentit et elle y conforma sa fin.

L'un des points de ma morale, dit encore Descartes, est *d'aimer la vie sans craindre la mort*. On sait ce

(1) *Pensées de Descartes*, publiées par A. Foucher de Careil, t. Iᵉʳ des *Œuvres inédites de Descartes*. Paris, A. Durand, 1859.

que Spinosa a tiré de cet axiome : « La chose du monde à laquelle un homme libre pense le moins, c'est la mort ; la sagesse n'est point une méditation de la mort, mais de la vie. » C'est prendre le contrepied de Platon pour qui la mort est la muse de la philosophie, de Socrate pour qui « philosopher c'est apprendre à mourir, » de tous les philosophes chrétiens qui ont enseigné que la sagesse consiste à se dégager de la prison du corps. Aussi croirai-je que Spinosa n'a pas compris Descartes ou que Descartes n'a pas assez réfléchi sur les suites de cet aphorisme de la vie heureuse. Aimer la vie! Sans doute la vie est aimable, mais enfin qu'est-ce que la vie pour Élisabeth dans les circonstances où elle est placée et comment la trouverait-elle aimable? Il aurait fallu qu'elle n'eût pas été jusqu'ici pour elle une école austère où le malheur avait été son maître plus encore que Descartes. Quant à la crainte de la mort, la princesse ne l'a jamais laissé pénétrer dans son âme ; elle savait que la mort est une délivrance : elle était en cela du parti de Platon et de tous les grands spiritualistes.

S'il fallait résumer ici ces vues incidentes sur la morale de Descartes, nous dirions qu'il n'est ni stoïcien ni épicurien, mais qu'il est l'un et l'autre. Il n'est pas stoïcien, car il écrit à son élève, à propos de ses souffrances, ces belles paroles : « Je ne suis point de ces philosophes cruels qui veulent que leur sage soit insensible. » Il n'est pas épicurien non plus, car sa philosophie respire le plus pur spiritualisme. Mais Descartes croyait pouvoir concilier ces deux choses : la nature et l'âme. Il ne désespérait pas de la nature humaine, il ne la voulait pas attristée et meurtrie par un régime de privation et de crainte. Il ne répudiait pas enfin la maxime : *naturam sequi*, qui est le fond de la morale antique, pourvu qu'on l'interprétât dans un sens élevé et presque chrétien. Sagement éclectique, il reconnaissait le bonheur dans toutes les conditions de la vie, et s'il avait placé son idéal dans les plus nobles jouissances de l'étude et de la retraite, l'honnête bourgeois d'Amsterdam qui mettait le sien dans un usage modéré des choses et dans la culture des fleurs ne lui paraissait point méprisable. Il conseillait même à son élève cette vie douce, ces plaisirs modérés et cette joie réglée par la loi de notre utilité véritable qu'il connaissait par expérience. En un mot, Descartes n'était pas un partisan de la morale de l'intérêt et du bien-être, de l'*Eudémonisme* enfin, mais il était optimiste.

Ainsi Descartes avait des vues justes et sages sur la morale, mais il n'avait pas un système de morale et surtout point d'hygiène de l'âme. Il en est de même pour le droit et la politique. Élisabeth voulut en faire l'expérience. Elle lisait alors le *Prince* de Machiavel : elle lui envoya le livre avec ses réflexions et en lui demandant de lui communiquer les siennes. Jamais livre n'avait été mieux choisi pour mettre Descartes dans la nécessité de s'expliquer sur les vrais principes du droit et de la politique. Machiavel est en effet l'expression la plus scientifique de la politique séparée de la morale et de la religion, comme chez les anciens. Il soulève toutes les questions qui s'y rattachent. Ce Florentin, digne émule des Romains, ses ancêtres, inspiré par cette sève de l'antiquité renaissante, avait fait du génie de Rome son propre génie et de la conversation avec les plus grands hommes d'État de l'antiquité son entretien habituel. Il rompt pour toujours et d'une rupture éclatante avec l'idée du *Prince*, empruntée au moyen-âge, et avec cette souveraineté du droit divin, si obscure qu'il ne la réfute même pas, et qui conserve pourtant encore ses adeptes. Son livre n'est que la pratique constante, encore en vigueur, ramenée à la théorie et exposée avec une grande force et une terrible logique. Aussi ce livre a-t-il de tout temps eu le privilége de soulever des polémiques. Le xviie siècle, particulièrement, se signala par son zèle contre la politique de Machiavel. Élisabeth, qui était alors à Berlin, dans cette même cour, d'où surgira au siècle suivant un politique qu'on s'étonne de trouver dans les rangs de ses adversaires théoriques, Frédéric II, se séparait déjà de son temps dans les jugements que lui inspirait la lecture du *Prince*. Car tout en reconnaisant ses erreurs, elle prenait cependant sa défense et rendait une entière justice à son rare talent d'observation. Descartes, plus circonspect, se tient sur le juste milieu. Il ne blâme pas tout dans Machiavel, et il fait une distinction pleine d'à-propos entre le *Prince* et les discours sur la première décade de Tite-Live (1).

C'est là tout ce que nous savons des théories politiques de Descartes. Tout au plus pourrait-on citer une lettre à la princesse sur la mort de Charles Ier. Cette mort avait été comme le coup de grâce porté aux espérances de la maison Palatine. Élisabeth surtout, qui ne sut jamais maîtriser son cœur, se sentit blessée dans ses plus chères affections. Elle fit même une grande maladie, pendant laquelle elle se sentit poussée à faire de la poésie. C'était d'après Descartes, plus fin observateur qu'on ne le suppose de ces états

---

(1) T. X, p. 298.

psychologiques et moraux, de ce que Mme de Staël a depuis appelé le côté nocturne de l'âme humaine, une sorte de manifestation psychologique qui n'était accordée qu'aux esprits d'une trempe supérieure, et qui rappelait Socrate dans sa prison. Ce fut dans ces tristes circonstances que Descartes entreprit de lui dépeindre la mort du roi d'Angleterre sous son véritable jour. Il la regarde comme un événement plutôt heureux pour la gloire du roi « dont la clémence et les vertus n'auraient jamais été tant remarquées ni tant estimées qu'elles sont et seront à l'avenir par tous ceux qui liront son histoire (1). » Il prétend tirer de cette mort, fatale aux Stuarts et qui portait le dernier coup aux espérances de sa maison, un sujet de consolation pour la princesse. Jamais l'optimisme philosophique ne se montra plus confiant dans sa vertu pour nous guérir et nous consoler de nos maux !

Ces sanglantes tragédies d'Angleterre, comme les appelait Descartes, n'étaient point les seules qui fussent venues porter le trouble dans l'intérieur de la reine de Bohême. Un crime qui venait d'être commis par le plus jeune de ses fils et dont la malignité publique crut pouvoir faire remonter la responsabilité jusqu'à sa fille, bien qu'elle fût innocente, allait répandre le deuil et la consternation dans La Haye et semer la division dans la famille Palatine. Un gentilhomme français, nommé d'Épinay, à qui sa tournure, sa bonne grâce et son esprit séduisant avaient ouvert les premières maisons de La Haye, et qui y était devenu célèbre par ses bonnes fortunes, n'avait pas tardé à usurper

---

(1) Lire notamment la lettre 48 du t. X, 333.

une place dans le cœur et bientôt dans les conseils de la reine de Bohême. L'influence de ce favori était vue de mauvais œil par les enfants de la reine et surtout par le plus jeune d'entre eux, le prince Philippe. Un certain mystère plane sur ce qui suivit, mais on peut en inférer avec certitude qu'il s'était attiré la haine du courtisan français et de ses compatriotes, puisqu'un soir il fut assailli par quatre d'entre eux, parmi lesquels, en se défendant vaillamment, il reconnut son ennemi. Le lendemain, la première personne qui s'offrit à sa vue, au moment où il traversait la place du marché, fut d'Épinay. A cette vue le jeune prince s'élança hors de sa voiture et attaqua son ennemi, qui, en se défendant à son tour, lui fit une blessure sous le bras. Philippe fondit sur lui et le poignarda en plein jour sur cette place publique. La reine apprit avec horreur la mort de celui qui, à tort ou à raison, passait pour son amant et chassa son fils de sa maison. Peu de temps après Élisabeth partit pour Berlin, où elle allait visiter son parent, le grand-électeur de Brandebourg.

Quelles que soient les causes et les circonstances encore inexpliquées de ce tragique événement, un fait est hors de doute, c'est la parfaite innocence de la princesse Élisabeth et l'absence de préméditation de la part de son plus jeune frère. Cependant deux historiens n'ont pas craint de bâtir sur ce peu de données tout un roman où la princesse Élisabeth joue le principal rôle. L'un d'eux, Baillet, insinue même qu'elle fut l'instigatrice du crime. Mais que dire d'un historien qui, après avoir laissé planer le soupçon de meurtre sur la princesse philosophe, nous la montre à la page suivante arrivant à Berlin précédée par sa réputation de sagesse et de vertu, et employant tous les moments que lui laissait l'étude à former le cœur et l'esprit de sa belle et jeune cousine? Erman fait mieux encore, et dans le parallèle qu'il institue entre Christine et Élisabeth, après avoir fait ressortir la communauté du savoir, il leur trouve un nouveau trait de ressemblance, l'assassinat ! On sait que le bas peuple de La Haye avait, avant Erman, exploité son voyage à Berlin pour répandre d'odieux soupçons. Il ne manquait à la princesse Élisabeth, pour que son malheur fût achevé, que d'être calomniée. Ce dernier trait dut lui être le plus sensible. Cette âme généreuse et tendre qui ne pouvait pas comprendre la calomnie, dut ressentir d'autant plus cruellement ses atteintes. Certaines lettres de Descartes en fourniraient au besoin la preuve.

Ces années de voyage et de disgrâce feinte ou réelle ne furent point perdues pour la philosophie. Élisabeth les consacra à répandre celle de Descartes à la cour de Berlin, dont elle fit l'admiration par la variété de ses connaissances (1), et à Heidelberg et à Cassel, chez son frère l'électeur Palatin et son oncle l'électeur de Hesse. Charles-Louis, électeur Palatin du Rhin, son frère aîné, mérite une page à part dans cette étude sur Élisabeth. C'était un libre esprit, plein d'humeur et de verve maligne, dont la mordante ironie perce jusque dans ses rapports avec ses sœurs. A peine rétabli dans le Palatinat, il voulut faire d'Heidelberg un centre philosophique et un asile de la libre pensée.

---

(1) Descartes la remercie d'avoir communiqué ses ouvrages à un médecin de Berlin. On sait qu'Élisabeth ne craignit pas de discuter sur les principes de sa philosophie avec les plus savants.

Celui qui disputera plus tard Spinosa à la Hollande et cherchera à l'attirer dans ses États par ses bienfaits, ne pouvait être hostile à la philosophie de Descartes ; mais la tournure de son esprit devait le mettre souvent en opposition avec sa sœur Élisabeth. Ses lettres à la princesse (1) témoignent d'une affection vraie, mais qui ne fut pas sans nuages. Deux causes paraissent surtout l'avoir troublée : c'étaient d'abord des affaires d'intérêt que la princesse entendait à merveille et pour lesquelles elle montra toujours une aptitude presque virile, et qui jetèrent à certain moment quelque froideur entre le frère et la sœur (2). Ce fut aussi, disons le hautement à l'honneur d'Élisabeth, le libertinage des mœurs plus encore que de l'esprit de son frère. Tous les fils de la reine de Bohême avaient hérité de la fille des Stuarts le goût des aventures galantes (3), mais il était poussé chez Charles-Louis jusqu'au scandale. Élisabeth crut pouvoir intervenir dans ses querelles conjugales, où son cœur naturellement sensible la mettait du parti de la victime. Son frère lui en garda un ressentiment qui ne céda qu'à la dernière maladie de sa sœur (4).

Les entretiens de Descartes et d'Élisabeth nous les montrent dans leur naturel : Descartes cherche à prémunir l'esprit naturellement élevé de la princesse par ses principes de morale ; mais ce qu'on ne saurait trop admirer c'est sa bonté. Elle éclate à chaque ligne de cette cor-

---

(1) Voir à l'*Appendice* cette correspondance.
(2) Voir à l'*Appendice*, lettres 11, 12 et 14.
(3) Voir à l'*Appendice*, lettres 3 et 4.
(4) Voir à l'*Appendice*, lettres 23, 24 et 25.

respondance. Désireux de lui en donner sans cesse de nouvelles marques et non content de lui prodiguer des conseils de prudence et des maximes de vie, il voulut la servir plus efficacement, et bien qu'assez peu politique pour lui-même, le devenir dans l'intérêt de son élève. Un plan qu'il conçut alors, qui n'eut pas tout le succès qu'il en attendait pour elle, et qui devint fatal à son repos et à sa vie, mérite de nous occuper par ses graves conséquences.

Descartes avait résolu d'unir d'amitié Élisabeth et Christine de Suède, auprès de laquelle son nom était déjà célèbre, entreprise du plus grand intérêt pour la famille Palatine, si elle eût réussi, mais aussi entreprise difficile, périlleuse même et assurément très-délicate, lorsque l'on connaît les caractères de ces deux femmes, l'une généreuse, mais fière et un peu repliée sur elle-même, l'autre capable d'héroïsme, mais violente, emportée et jalouse de toute supériorité. Il est vrai que Descartes comptait beaucoup sur l'appui de Chanut, notre diplomate, qui lui était entièrement dévoué, qu'il avait été favorablement prévenu pour la reine par le comte de la Thuilerie, prédécesseur de Chanut à Stockholm, et qu'il se fiait pour le reste à cette philosophie engageante et hardie, qui avait conquis Élisabeth. Il écrivit donc à Chanut sa fameuse lettre du 1er février 1647 sur la nature de l'amour, qui ravit Christine et fut la cause occasionnelle de sa mort prématurée. Christine, qui avait les passions vives et l'esprit fin, voulut connaître l'homme qui écrivait si bien sur l'amour. Cette reine, qui fera plus tard assassiner Monaldeschi, ne pouvait comprendre qu'on en parlât avec une si parfaite tranquillité d'âme. Elle désira voir cet homme heureux, et peut-être bien aussi l'enlever à la princesse Élisabeth. Car dans l'ardeur d'un zèle maladroit, Descartes lui en fit un grand éloge et parla de ses lettres (1).

Descartes, qui avait à cœur les intérêts de la maison Palatine et surtout ceux de la princesse, n'hésita pas à entreprendre ce fatal voyage de Suède dans l'intérêt d'Élisabeth. La correspondance nous le montre lors de son départ de Hollande, presque exclusivement occupé de prendre ses ordres, de même qu'à son arrivée à Stockholm, sa première pensée fut pour elle. Il le lui dit avec délicatesse : il l'assure que « le changement d'air et de pays ne peut rien changer ni diminuer de sa dévotion et de son zèle. » On ne sait pas assez, en effet, combien cette pensée de rendre enfin heureuse celle que le malheur avait jusqu'ici poursuivie de ses coups et d'être en quelque sorte l'instrument de sa félicité, avait influé sur cette détermination de Descartes. Il suffit de lire les six dernières lettres qu'il lui écrivit pour voir d'abord ses irrésolutions et ses craintes d'un tel voyage, ses négociations avec le ministre de France à Stockholm, toutes dans l'intérêt de son élève, sa

(1) « Si j'avais aussi osé, écrit-il à Chanut (t. X. p. 66), y joindre les réponses que j'ai eu l'honneur de recevoir de la princesse à qui ces lettres sont adressées, ce recueil aurait été plus accompli, et j'en eusse encore pu ajouter deux ou trois des miennes qui ne sont pas intelligibles sans cela. Mais j'aurais dû lui en demander permission, et elle est maintenant bien loin d'ici. »

Il s'agit des lettres *sur la vie heureuse*. Descartes avait en outre envoyé à la reine Christine une lettre de lui sur le *Souverain bien*. C'étaient les deux grands sujets d'études entre ce philosophe et son élève !

tristesse, en voyant d'abord ses ouvertures favorables à la maison palatine accueillies froidement par la reine, sa joie en les croyant agréées, puis enfin son départ si longtemps ajourné et enfin résolu, quand il se croit sûr de gagner la reine de Suède à sa cause, pour comprendre que son grand, son principal intérêt en allant en Suède, c'était celui de son élève et des affaires de sa maison qu'il essayait de relever. Aussi n'est ce pas sans quelque émotion qu'on lit cette lettre datée de Stockholm, le 8 octobre 1649, et qui sera la dernière, lorsqu'on songe que ce pressentiment qu'il avait de ne plus revoir sa chère solitude et qui lui faisait regretter, suivant une belle expression d'une de ses lettres à Chanut, l'*innocence du désert* au milieu de l'éclat d'une cour, devait sitôt se réaliser. Descartes fut victime de son zèle et de sa nouvelle manière de vivre. Il mourut le 11 février 1650, après une courte maladie, dans les bras de Chanut, notre ambassadeur, qui ne devait rapporter en France que les cendres de son ami. La pensée d'Élisabeth occupa Descartes mourant, car Chanut, qui fut en quelque sorte l'exécuteur de ses dernières volontés, écrivait à la princesse Élisabeth une longue relation de la mort de son ami, et en même temps il lui renvoya ses lettres que Descartes, par un sentiment d'exquise délicatesse, n'avait jamais voulu confier à nul autre, et qui sont à jamais perdues pour les amis de la philosophie. C'est ici qu'on peut se donner le contraste de ces deux femmes. Christine, femme beaucoup trop vantée et surtout indigne de ces hautes amitiés philosophiques, n'a fait, par son caprice, que nous envier notre grand philosophe. Indifférente à sa mort et profondément égoïste, elle ne sut pas même rendre à la mémoire de Descartes un dernier hommage en la personne de son élève, la princesse Élisabeth. Elle ne sut qu'en concevoir de la jalousie et de l'ombrage. Cette femme hautaine ne pouvait supporter de supériorité d'aucun genre, et elle se vengeait de sa rivale par un dédain affecté, qu'elle laissa voir encore au P. Poisson dans sa retraite de Rome (1). Élisabeth, au contraire, se montra digne de cette grande liaison philosophique. Elle passa les années qui suivirent soit à Berlin, soit à Heidelberg, toujours occupée à répandre les principes de la nouvelle philosophie. Elle traça, de son maître mort, un portrait qui est le plus original et le plus vivant de ceux qui nous restent, à en juger par les traits qui nous ont été conservés en petit nombre. Jamais, en effet, les qualités de son esprit et de son cœur n'avaient été l'objet d'une plus fine et plus délicate analyse. Et qui pouvait mieux les décrire que cette femme qui les avait si bien et si exactement connues et à qui il ne donnait que la fleur de ses écrits ou de ses pensées? Aussi faut-il l'en croire lorsqu'elle nous dit que « *la profondeur et la force de son esprit étaient admirables pour scruter l'intérieur de l'esprit humain et déterminer les limites de ce qui est possible à l'homme et ce qui dépasse ses forces.* » C'est précisément l'éloge donné à Kant par ses contemporains, et c'est aussi la découverte faite par M. Cousin que

---

(1) Rien n'égalait le scandale de sa conduite à Rome. Elle faisait le désespoir du Pape et du sacré Collége par ses incartades. J'ai retrouvé dans le Vatican de singuliers détails sur la reine Christine dont je ferai peut-être usage un jour.

Descartes était surtout profond en psychologie. Aussi l'on regrettera toujours qu'une excessive modestie l'ait empêché d'élever à son maître le seul monument qui fût digne d'elle et de lui, et lui ait fait détruire les seuls témoignages de sa liaison philosophique avec lui. Mais un cloître de Westphalie devait être le dernier asile de cette princesse si supérieure à la plupart des femmes de son temps (1).

Au confluent du Weere et de l'Aa, dans le centre de l'ancienne Saxe de Westphalie, entre Minden et Paderborn et non loin du tombeau de Witikind, est située la ville alors libre, princière et impériale de Herford, dont la célèbre abbaye remonte au temps du héros saxon. Les abbesses de Herford jouissaient des priviléges les plus étendus, et exerçaient, sous le protectorat des ducs de Brandebourg et de l'Empereur, un véritable gouvernement, troublé parfois par les émeutes de la vieille ville hanséatique. L'abbaye, avec son immense domaine, ses jardins et ses vignes, était située dans Freiheit ou le quartier libre réuni à la vieille ville par un pont jeté sur l'Aa. Elle se composait en majeure partie d'habitations isolées les unes des autres qui avaient appartenu à d'anciens chevaliers et qui servaient alors de demeure au clergé et aux domestiques de l'abbaye. C'est là que le 27 mars 1667 fut intronisée abbesse la princesse Palatine Élisabeth. C'est là que nous la retrouvons en

(1) Quelques détails entièrement inédits, que nous avons recueillis tant à Berlin, grâce à l'obligeance du directeur des archives, M. de Lancizole, qu'à Munster par la faveur du gouverneur de la province de Westphalie, complèteront ce tableau et vont nous permettre de reconstituer cette histoire peu connue et même faussée par les réticences des historiens,

1669 très-occupée de son gouvernement, mais aussi très-mêlée aux affaires du mysticisme de son temps. Là, son amie des anciens jours, Mlle de Schurmann, était venue la rejoindre. Là, elle s'occupait de vie religieuse et de régénération chrétienne. Là, enfin, elle avait introduit avec elle les Labadistes exilés de Hollande, et comme une image de cette nouvelle vie mystique dont elle faisait profession.

Mlle de Schurmann n'était plus la brillante jeune fille, chantée par les poètes et louée par les peintres, qui faisait l'admiration de la Hollande et que l'on avait surnommée la dixième Muse. Elle portait maintenant la robe de laine et elle se comparait dans son zèle, pour les saints du Seigneur, aux Paula et aux Eustochia. Elle méprisait cette gloire et cet éclat qui s'étaient attachés à son nom et menait une vie cachée et ascétique. Descartes avait prévu cette nouvelle phase produite par l'éducation scolastique; il la redoutait pour son élève la princesse Élisabeth, et sachant l'amitié qui les unissait l'une à l'autre, il avait essayé de prémunir Mlle de Schurmann contre les surprises de la théologie (1).

Un fait que Baillet n'a point connu et que nous trouvons consigné dans l'abrégé sincère de la *vie de Labadie*, prouve bien que telle était l'une de ses préoccupations pour les femmes. Je laisserai parler l'auteur même de la relation : « M. Descartes la vint voir chez elle à Utrecht, et comme il se passa quelque chose de particulier en leur conversation, dont Mlle de Schurmann a voulu laisser quelque mémoire, je crois que je ferai bien de le rapporter icy fidèlement. Il la trouva livrée à son étude favorite qui était

(1) Voir à l'Appendice, lettre 21.

celle de l'Écriture-Sainte, d'après le texte original en hébreu. Descartes, ajoute le biographe, fut étonné qu'une personne de ce mérite donnât tant de temps à *une chose de si peu d'importance :* ce furent les termes mêmes dont il se servit. Comme cette demoiselle cherchait à lui démontrer l'importance capitale de cette étude pour la connaissance de la parole divine, Descartes lui répondit que lui aussi avait eu cette pensée et que dans ce dessein il avait appris cette langue qu'on appelle sainte, qu'il avait même commencé à lire dans le texte hébreu le premier chapitre de la Genèse qui traite de la création du monde ; mais que quelque eût été la profondeur de ses méditations, il avait eu beau réfléchir, il n'y avait rien trouvé de clair et de distinct, rien qu'on pût comprendre *clarè et distinctè*. Alors s'étant aperçu qu'il ne pouvait point entendre ce que Moïse avait voulu dire et même qu'au lieu de lui apporter de nouvelles lumières, tout ce qu'il disait ne servait qu'à l'embrouiller davantage, il avait dû renoncer à cette étude. »

« Cette réponse, continue l'auteur de la *vie de Labadie*, surprit extraordinairement Mlle de Schurmann ; elle la blessa profondément, et elle en conçut une telle antipathie contre ce philosophe, qu'elle évita depuis ce jour de jamais se trouver en relation avec lui. Dans le journal où elle fait mention de cet événement, elle avait mis à la marge sous ce titre : *Bienfaits du Seigneur*, les paroles suivantes : « Dieu a éloigné mon cœur de l'homme profane, et il s'est servi de lui comme d'un aiguillon pour ranimer en moi la piété, et pour me faire me donner entièrement à lui (1). »

(1) Gurhauer qui rapporte le fait, ajoute qu'il n'y a aucune rai-

Descartes fut peu charmé de cette théologienne et il nota lui aussi l'impression qu'elle lui fit; mais avec sa finesse et sa perspicacité ordinaire, il s'en prend à son maître : « Ce Voetius, écrit-il, a gâté aussi la demoiselle de Schurmann : car au lieu qu'elle avoit l'esprit excellent pour la poésie, la peinture et autres telles gentillesses, il y a déjà cinq ou six ans qu'il la possède si entièrement qu'elle ne s'occupe qu'aux controverses de la théologie, ce qui lui fait perdre la conversation de tous les honnêtes gens. »

Mais depuis Descartes, le mal avait encore fait des progrès. La théologienne était devenue mystique. Elle s'était attachée à un homme très-remarquable, mais aussi très-décrié, qui s'était presque entièrement emparé d'elle. Elle vivait dans une sorte de communauté religieuse avec Labadie et quelques autres disciples des deux sexes. Elle traînait partout à sa suite ce mystique français et ses compagnons, et lorsqu'il fut expulsé de Hollande comme fauteur de troubles et auteur d'une nouvelle secte, elle voulut le suivre et partager sa disgrâce. C'est dans ces circonstances qu'elle se souvint de la princesse Élisabeth, dont elle connaissait la générosité naturelle, et qu'elle lui écrivit afin de lui demander un asile pour elle et sa suite. Cet événement, qui ne fut pas sans influence sur les dernières années de la princesse, a été relaté par Mlle de Schurmann en ces termes : « Un an à peine s'était écoulé depuis que le bruit

son d'en douter : il est bien évident que cette citation tirée des œuvres de Mlle de Schurmann est authentique, elle était superflue pour nous apprendre son antipathie pour Descartes que nous connaissions déjà, mais elle jette une vive lumière sur les causes de cette aversion.

des persécutions, dont Satan nous avait affligés à Amsterdam, était arrivé aux oreilles des princes étrangers, et quelques-uns d'entre eux avaient délibéré s'ils ne rendraient pas à cette petite église du Christ la liberté qui lui était nécessaire. Ce fait arriva à notre connaissance au moment même où le sévère édit du conseil d'Amsterdam venait entraver notre marche croissante. Mais de tous les asiles qui se présentaient à nous, nous donnâmes la préférence à celui qui nous était offert sur le domaine de S. A. R. la princesse Palatine Élisabeth. Elle m'avait honoré d'une bienveillance particulière. Quarante années, je crois, s'étaient écoulées depuis que, méprisant les frivolités et les vanités des autres princesses, elle avait élevé son esprit vers les nobles études des plus hautes sciences ; elle s'était sentie attirée vers moi par cette communauté de goûts et d'études, et elle me témoigna sa haute faveur tant par ses visites que par ses lettres gracieuses. Depuis lors mes changements fréquents de résidence, les obstacles que j'avais rencontrés à cette manière de vivre que j'avais librement choisie, mon éloignement du monde et des choses de la terre, mon association avec quelques autres personnes pieuses, avaient été interprétés auprès d'elle tantôt en bien, et tantôt en mal par la renommée. Mais le souvenir de ma vie passée avait réveillé en elle l'ancienne amitié : elle ne pouvait supposer que je fusse capable de menées coupables ou même de quelque exagération nuisible à la tranquillité publique. Elle songea très-sérieusement dès lors à nous offrir un asile : et sans se laisser arrêter par les calomnies de nos ennemis, elle m'écrivit qu'elle connaissait mon généreux dessein de m'affranchir de tous les liens de la terre pour pratiquer la vraie religion chrétienne et réformée dans toute sa pureté et liberté, et qu'elle m'accordait sur son territoire à moi et à toute la communauté la liberté de pratiquer notre religion sous la sauvegarde de son autorité. Il nous parut évident, ajoute Mlle de Schurmann, que c'était Dieu qui nous envoyait cette occasion tant désirée de mener une vie religieuse, et nous résolûmes d'envoyer auprès de la princesse à Herford notre cher ami et frère en Jésus-Christ, le pasteur Du Lignon, célèbre par sa connaissance des choses divines et humaines, et dont la candeur était pareille à celle des saints. Il accepta cette négociation. Tout réussit selon nos vœux, et les conditions furent agréées de part et d'autre. »

Jean de Labadie, car c'était lui que Mlle de Schurmann allait introduire à Herford, était un de ces esprits ardents et dangereux qu'un penchant décidé et une sorte de vocation porte vers la théologie mystique et un genre de vie ascétique. Ni les Jésuites qu'il avait quittés, ni Port-Royal avec qui il avait tant de points communs, n'avaient pu le retenir. Après des prédications éloquentes à Bordeaux et dans le Midi, après des essais de vie commune et religieuse à Amiens et dans la Picardie, toujours persécuté, toujours luttant, il sortit du sein de l'Église catholique pour embrasser la réformée qu'il devait aussi abandonner un jour. Il se séparait de l'Église catholique, parce que sa corruption lui parut si profonde qu'il désespérait du remède. Il quitta de même la religion réformée, parce qu'il vit la nécessité d'une nouvelle réforme. Il enseignait la régénération intérieure, la révélation continue de Dieu à l'esprit de l'homme, la vanité du culte extérieur et de l'idolâtrie biblique, la doctrine de saint Augustin sur la prédestination et de Jansénius sur la grâce. Il rêvait une nouvelle forme de vie et de société chrétienne, plus pure et plus libre, et qui se rapprochât davantage de la primitive Église ; mais on lui reprochait de s'éloigner de la religion réformée sur plusieurs dogmes et sur les rapports de l'Ancien et du Nouveau-Testament, on disait qu'il renouvelait l'hérésie décriée des millenaires ou du règne de mille ans ; on l'accusait enfin dans ses rêves de régénération sociale trop tôt suivis d'effets, de prêcher des doctrines dangereuses et de pratiquer la communauté des biens. Ce transfuge de la France vint d'abord en Suisse, puis en Hollande, prêchant partout sa nouvelle religion, et se faisant des prosélytes surtout parmi les femmes qu'il ravissait par son éloquence et qu'il touchait par son ascétisme. La Hollande fut le théâtre de ses prédications, de ses luttes contre les autorités tant civiles qu'ecclésiastiques, des persécutions qu'il eut à subir et enfin de sa fuite à la suite de l'édit qui le bannissait d'Amsterdam. C'est dans ce pays, d'abord à Middlebourg, puis à Amsterdam, qu'il entreprit une lutte acharnée tant contre l'Église établie que contre la philosophie, et surtout contre la philosophie cartésienne qu'il dénonça et qu'il attaqua en la personne de Louis de Wollzogen. C'est de là enfin qu'il vint, grâce à Mlle de Schurmann, s'établir à Herford avec ses compagnons et ses compagnes, et qu'il transporta même son imprimerie.

La princesse Élisabeth, dont l'âme généreuse allait toujours au devant de l'infortune et que le souvenir d'une ancienne amitié avait déjà gagné à la cause de ce persécuté, le reçut bien. Sans doute, si ses préoccupations personnelles et ses malheurs ne l'avaient déjà tournée elle-même vers la vie religieuse, si surtout Descartes avait été là pour la retenir sur cette pente où avait glissé Mlle de Schurmann, la princesse Élisabeth n'eut pu voir sans défiance s'établir dans son abbaye et presque à sa porte un ennemi de Descartes et de la philosophie, qui venait de troubler la Hollande par l'éclat de ses luttes contre le Cartésianisme. Mais Descartes était mort, et Labadie était persécuté, errant, presque proscrit. Non-seulement elle lui offrit un asile, mais elle écrivit au duc de Brandebourg, pour prendre sa défense, trois lettres que nous avons retrouvées, et dont nous citerons quelques passages :

« *A Son Altesse Grand'Ducale.*

« V. A. sait sans doute que la savante Schurmann avec quelques jeunes filles Hollandaises et Seelandaises, a voulu fonder une communauté à Amsterdam. Mais comme elles avaient avec elles deux pasteurs détestés du peuple Hollandais et par cela même exposés à toutes sortes de calomnies, quoique ces pasteurs aient souscrit au Synode de Dordrecht et soient demeurés fidèles aux enseignements de la religion réformée, elles voudraient dépendre de mon autorité, bâtir une maison sur mes domaines, et relever de moi comme abbesse ainsi que la noble fondation qui est sur la montagne, et dans ce but transporter tous leurs biens dans ce pays, ce qui n'a rien que de naturel et ne surprendra personne. Elles ne demandent en échange que l'assurance de pouvoir célébrer le service divin avec lesdits pasteurs sans être inquiétées et de jouir enfin de la même liberté que mes autres sujets. Si V. A. daignait les prendre sous sa protection, je pourrais d'autant mieux les satisfaire et les aider dans leur pieux dessein.... Je ne veux point vous importuner davantage, mais je me recommande à votre faveur. Tant de personnes ont déjà ressenti les effets de votre bonté qu'elles seraient indignes de vivre, si elles ne vous témoignaient la plus vive reconnaissance, comme c'est leur devoir ainsi que celui de votre très-obéissante, très-humble et très-obligée servante.

« Elisabeth. »

Le duc, qui aimait la princesse Elisabeth, lui accorda sa demande. Mais l'arrivée de Labadie et de ses adhérents qui étaient précédés par les clameurs des Hollandais, ayant suscité de grands troubles dans la commune d'Herford, à ce point que l'abbesse menaça de faire occuper la ville militairement par mille dragons, elle écrivit de nouveau au duc de Brandebourg pour lui exposer cette affaire :

« S. A. voudra bien se ressouvenir lui dit-elle, que nous lui avons donné à entendre par notre première lettre que Mlle de Schurmann et quelques autres personnes avaient résolu, pour se séparer de plus en plus de la terre, de fonder une communauté sous l'autorité de notre abbaye, et comment par l'intermédiaire de M. de Schwerin, et par une lettre du 6 septembre 1670, vous avez déclaré que vous favoriseriez mon projet et nous accorderiez notre demande si toutefois les sectateurs se montraient conformes aux réformés et à leur culte, et ne causaient aucun scandale. C'est sur cette assurance qu'ils sont arrivés ici. Bien que leurs ennemis eussent répandu des bruits injurieux contre eux,

plusieurs personnes, et notamment l'illustre ministre de
V. A. et quelques prédicateurs réformés, ont, sur ma demande, conféré longuement avec eux, et ils ont été forcés
d'avouer que leur croyance et leur enseignement étaient
conformes à la croyance et à l'enseignement réformé, que
leurs pasteurs n'exercent en public aucune autre religion
que la réformée, et affirment hautement souscrire au
synode de Dordrecht, aux institutions de Calvin et au catéchisme d'Heidelberg. Personne ne pourra non plus prétendre avec vérité qu'ils aient occasionné le moindre scandale en ces lieux : car ils mettent tout leur soin à mener
une vie tranquille et retirée, dans la crainte de Dieu, et
leur conduite est exemplaire, en sorte que tous les hommes
impartiaux qui se sont entretenus avec eux les ont trouvés
tout autres que leurs ennemis les leur avaient représentés.
Mon unique intention est donc en cette affaire de rendre à
Dieu l'honneur qui lui est dû, puis d'aider ces personnes
dans leurs bonnes et chrétiennes résolutions, et d'augmenter
notre commune réformée qui est si dénuée sous ce rapport,
par la présence de bons chrétiens, en les autorisant à bâtir
sur nos terres libres et princières autant de maisons qu'ils
voudront, persuadée que le pays ne pourra qu'y gagner, et
que les bourgeois de la ville, négociants et ouvriers qui
profiteront sous tous les rapports de leur présence, n'ont
rien de dommageable à attendre de leur part. »

Mais cette fois le duc, déjà prévenu contre les nouveaux
arrivés par des rapports défavorables, tout en ménageant les
droits et les désirs d'Élisabeth, crut devoir ordonner une
enquête, et pour la troisième fois Élisabeth se vit forcée de
prendre encore leur défense. Elle écrivit de sa propre main

au duc le 20 novembre 1670, pour écarter tout soupçon de ses protégés et les garantir contre toute attaque: « J'apprends, lui dit-elle, qu'on a dit à V. A. beaucoup de mal de mes Hollandaises, de même qu'on m'en écrit encore beaucoup de Hollande sur leur compte; si je ne les voyais tous les jours, et ne pouvais à chaque heure juger de leur conduite, je serais la première à les renvoyer d'ici. Mais je prie V. A. de ne pas les condamner sans les entendre, et d'attendre jusqu'à l'arrivée du général Ellern. S'il ne vous démontre pas clairement que non-seulement la religion, mais le pays même prospère depuis leur arrivée et que la considération même de V. A. s'en est accrue, vous pouvez leur refuser toute protection : « Le magistrat, continue t-elle, sait bien que ce ne sont pas des quakers, mais de vrais réformés. Les bourgeois ont déjà formé le projet de les faire mourir de faim (en leur refusant des vivres), mais j'ai assez de moyens d'y pourvoir et de les nourrir sans eux. »

On remarquera cette parole de la princesse au duc de Brandebourg: « Ce ne sont pas des quakers, mais de vrais réformés. » Élisabeth allait ainsi au devant du principal reproche qu'on faisait à Labadie et à ses compagnons, et peut-être bien aussi à elle-même, et qui consistait à les confondre avec la secte des trembleurs qui faisait alors tant de bruit en Angleterre. Quoi qu'il en soit de la justice de ces accusations, Herford, qui était devenu célèbre dans les fastes de l'église persécutée, devait recevoir la visite de quelques-uns des plus fameux. La renommée de sainteté et de grandeur qu'Élisabeth s'était acquise en protégeant Labadie, était parvenue jusqu'en en Angleterre, et Georges Fox et ses amis en conçurent de grandes espérances pour le succès de leur œuvre en Allemagne. Quelques quakeresses, Isabella Fella, belle-sœur de Fox, la femme de Keith, et une Hollandaise, se rendirent à Herford, attirées par la réputation de l'abbesse. Fox lui-même lui écrivit, et il le fit avec une douceur et des flatteries qui contrastaient avec sa rudesse habituelle et son austérité connue : nous avons la réponse d'Élisabeth, commençant par ces mots :

« Cher ami, je ne puis m'empêcher d'aimer sincèrement ceux qui aiment N.-S. J.-C. et auxquels il a accordé non-seulement la grâce de croire en lui, mais encore celle de souffrir pour lui C'est pourquoi votre lettre et la visite de vos amies, m'a été également agréable. Je suivrai leurs conseils, tant que Dieu m'accordera sa lumière et sa grâce, etc. Je suis votre affectionnée. »

Enfin le plus célèbre d'entre eux, William Penn se rendit en 1676 en Allemagne et voulut aussi la connaître. Après avoir parcouru, en compagnie de George Fox et de Robert Barclay, les communautés de la Hollande, et tenu partout des réunions dans lesquelles suivant son énergique expression, la sainte Écriture était prêchée, les morts réveillés, et les vivants fortifiés, il vint avec Barclay de Nöerden à Osnabruck, et le lendemain partit pour Herford où il passa trois jours. C'est un journal inédit de son voyage, qui nous apprend le détail de leur arrivée, de leurs réceptions, et des entretiens qu'il eut avec l'abbesse : « Le troisième et dernier jour, écrit-il, on se rassembla de nouveau pour le service divin où se trouvèrent non-seulement les habitants de l'abbaye, mais quelques personnes de la ville. Ce jour-là Dieu fit paraître la grandeur de son nom, et il s'ouvrit par sa seule force le chemin des consciences : il fit retentir à leurs oreilles ses trompettes éclatantes, et les força de reconnaître que c'était Dieu qui leur parlait et que personne ne lui est égal.... Oui, sa puissance infinie les agita et les éleva en ce jour : et la force de celui en qui la Divinité s'est faite chair, se fit jour et répandit sur nous sa vie divine, plus douce que le plus pur encens, plus suave que la myrrhe la plus odorante qui vient des pays lointains. » L'impression produite fut si grande qu'Élisabeth elle-même en fut troublée : lorsqu'elle s'avança vers Penn, après la réunion pour prendre congé de lui, elle put à peine articuler quelques paroles. Elle lui dit : « Ne reviendrez-vous plus jamais ici ? Je vous en prie, à votre retour, revenez ici. » Penn lui répondit : « Nous sommes aux ordres du Seigneur, et comme nous dépendons de lui, nous ne pouvons rien promettre avec certitude. » Puis il prit congé d'elle et le soir de ce jour il quitta Herford. Mais il y revint quelques mois plus tard. Penn a noté les détails de cette seconde entrevue comme de la première et jusqu'aux moindres paroles de la princesse qui lui dit en le quittant ces mots bien dignes d'être rapportés ici :

« Souvenez-vous de moi, lui dit-elle, quoique je vive à une si grande distance de vous, et que vous ne deviez jamais me revoir. Je vous remercie pour les heures si douces que vous nous avez fait passer, et je sais et je suis persuadée que bien que ma position m'expose à bien des tentations, mon âme sent une forte inclination pour le bien. » Penn tomba à genoux et supplia Dieu de bénir et de conserver sa protectrice et son amie.

Le souvenir d'Élisabeth qui ne devait plus s'effacer de la mémoire de William Penn, fut encore entretenu par leur correspondance : « Cher ami, lui écrivait la princesse le 29 octobre 1677, je suis très-touchée de l'intérêt que vous prenez à mon salut : je méditerai longuement chaque article des conseils que vous m'avez donnés et m'efforcerai de les suivre, autant qu'il sera en mon pouvoir, mais il faut pour cela que la grâce de Dieu vienne à mon secours, car comme vous le dites vous même, Dieu n'accepte rien qui ne vienne de lui. Quand j'aurais renoncé à tous les biens de la terre, si j'oublie de faire ce que Dieu demande par-dessus toutes choses, c'est-à-dire de faire tout au nom de son fils et pour son fils, je n'en serai pas meilleure pour cela que je ne le suis maintenant. Avant tout, il faut que je sente Dieu régner dans mon cœur, et ensuite que je fasse ce qu'il me demande, mais je suis incapable d'enseigner, puisque je ne reçois pas mes instructions directement de Dieu même. Présentez mes civilités à G. T. B. G. G. K. et à ma chère Gertrude.

« Tant que vous n'écrirez pas plus mal que dans votre P. S., je serai capable de vous lire, ne croyez pas que je veuille me dédire de ce que je vous ai dit le soir de votre départ, mais j'y mets un délai jusqu'à ce que je puisse le faire en en rendant compte à Dieu et aux hommes. Je ne puis continuer à écrire, et je me recommande à vos prières. Je suis votre véritable amie Élisabeth. »

« P. S. J'ai oublié de vous dire que ma sœur (Sophie) m'a écrit : elle aurait été bien heureuse, si à votre retour d'Amsterdam vous aviez passé par Osnabruck. »

Penn lui répondit, et sa lettre datée de l'île de Boorne, est digne de celle à qui elle est adressée.

« Salut à la princesse Élisabeth au nom de la croix !

Chère et estimable amie, mon âme désire avec ardeur ton salut en ce monde et dans l'autre... Je ne puis abandonner ce pays sans te faire connaître que le souvenir de ton bienveillant accueil s'est gravé dans mon cœur. Le Seigneur Jésus t'en récompensera, il réserve certainement pour toi quelque chose de sa bénédiction. Persévère, sois constante, triomphe, et tu hériteras ».

La fin de la princesse Palatine, abbesse de Herford, fut digne de ces graves enseignements et de ces austères amitiés. Elle fut sérieuse comme sa vie. Une lettre d'Élisabeth à sa sœur, l'abbesse de Maubuisson, lettre inédite, et aussi remarquable par l'élévation des sentiments que par son extrême rareté, nous la montre se préparant à la mort :

« Le dernier octobre 1679.

« Je vis encore, ma chère sœur, mais c'est pour me préparer à la mort. Les médecins n'entendent plus rien à ma maladie : aussi je ne me sers plus de leurs remèdes. Mais ils s'accordent en cela qu'elle procède du défaut de chaleur naturelle et d'esprits vitaux, qu'ils ne sauraient suppléer avec toute leur science ; le ministre dont je me suis servie, a dit à mes gens que je devais mettre mes affaires en ordre, de peur d'être surprise ; ce que j'ai fait pour le monde.

« Il ne me reste plus à cette heure qu'à me préparer pour livrer à Dieu une âme lavée dans le sang de mon Sauveur. Je la connois souillée de beaucoup de péchés, et particulièrement d'avoir préféré la créature au Créateur, et d'avoir bien vécu pour ma propre gloire, qui est une espèce d'idolatrie. C'est ce qui me fait souffrir les douleurs que je sens presque tous les jours avec joie, sachant qu'il est juste que ce corps souffre pour les péchés qu'il m'a fait commettre. C'est la croix que je m'ordonne de prendre pour le suivre jusqu'à sa gloire, en renonçant à moi-même, pour me soumettre entièrement à sa volonté. Je ne sais si je pourrai après ceci avoir la force de vous écrire, ni à la duchesse d'Hanovre. Mais je vous ferai savoir de mes nouvelles par mademoiselle de Horne. Le prince de Salm m'a envoyé un gentilhomme demander des nouvelles de ma maladie. J'ai appris de lui que le roi de France ne lui veut pas rendre sa principauté, contrairement aux articles de la paix, s'il n'en relève le fief de Sa Majesté très-chrestienne; je vous prie, faites en sorte qu'on trouve quelque expédient qu'il puisse toujours demeurer prince de l'Empire; et parlez-en à la duchesse d'Hanovre, afin qu'elle négocie cette affaire pour le bien de son neveu.

« Adieu, ma chère sœur, j'espère que nous nous reverrons en l'autre monde, et que Dieu nous préparera si bien dans cette vie transitoire que nous verrons éternellement sa face en la future (1).

« Élisabeth. »

Descartes n'avait pas prévu sans doute un tel dénouement pour son élève : il la savait capable d'héroïsme, il ne la connaissait pas susceptible de ce dernier degré de l'héroïsme qui s'appelle le renoncement. N'allons pas croire cependant, sur la foi de Mlle de Schurmann et de quelques Labadistes exaltés, qu'elle eût entièrement renoncé à la philosophie.

(1) Cette lettre appartient au British-Museum. Je l'ai trouvée dans le fond Egerton à Londres.

Cette lettre même, où revient à propos de sa santé une opinion bien connue de Descartes sur *les esprits vitaux*, en est la preuve. Baillet nous raconte que la princesse abbesse de Herford y avait transporté le goût des sciences et des conversations philosophiques avec celui des livres rares. Il ajoute qu'elle avait fait de son abbaye une véritable académie cartésienne.

Élisabeth n'était ni une mystique, ni une quakeresse, ni une illuminée. Elle protégeait également toutes les sectes issues de la réforme et respectait toutes les manifestations de la vie religieuse qui lui paraissaient sincères. Appelée au gouvernement d'une abbaye importante à une époque de crise religieuse, surtout en Allemagne, dans des jours difficiles pour l'Église du Christ, presque aussi menacée par la ferveur mystique et le zèle piétiste que par l'incrédulité triomphante et la coupable indifférence, elle sut tenir le sceptre d'abbesse avec une haute dignité et faire respecter ses prérogatives dont elle se servit surtout pour la cause qu'elle crut être alors celle de Dieu. Ce qu'elle aimait de Penn, de Labadie, de toute cette famille de mystiques qui trouvèrent un asile ou une retraite dans Herford, c'était une image de cette paix intérieure et de cette confiance en Dieu dont elle comprenait si fortement la nécessité pour le salut sans en avoir jamais pleinement ressenti les effets en elle-même. Il semble, en effet, qu'un désir ardent et continu la portait vers eux, mais que toujours aussi un obstacle s'élevait entre eux et elle et la préservait des excès du mysticisme. C'était cet obstacle dont elle faisait un aveu touchant à Penn lorsqu'elle lui racontait ses aridités et ses sécheresses, et qu'elle s'accusait presque avec humilité de n'être pas en communication directe avec le Seigneur. Dieu sensible au cœur, a dit Pascal, tout le mysticisme est contenu dans ce mot. Élisabeth ne le sentait pas assez présent, n'était pas assez sûre de ses révélations pour être confondue avec ses amis. Labadie se perdit à force d'orgueil. Mlle de Schurmann alla mourir à Altona dans l'exil. Penn partit pour évangéliser l'Amérique. Plus grande que le premier par son humilité, plus touchante que la seconde par la simplicité de sa foi, Élisabeth conserva toujours pour la candeur de William Penn une inaltérable souvenir. Elle avait enfin rencontré une belle âme, bien digne de la comprendre. Mais elle avait si peu oublié Descartes, même en ces jours de recrudescence mystique et de régénération religieuse, que ses derniers correspondants furent Malebranche et Leibniz, c'est-à-dire Descartes plus chrétien et plus scientifique. C'est donc surtout dans cette seconde partie de sa vie passée, dans une abbaye qu'on peut voir, si je ne me trompe, le salutaire effet de l'enseignement cartésien pour les femmes. Deux écueils sont à craindre presque également pour elles : le mysticisme et l'incrédulité. Élisabeth sut éviter l'un et l'autre. Nous savions bien que la philosophie de Descartes ne pouvait pas faire des incrédules, ni pactiser avec le libertinage de l'esprit, que son élève en suivant ses leçons ne pouvait que continuer cette noble poursuite du meilleur et du plus parfait que son maître lui avait enseignée ; mais qu'au milieu d'une abbaye et presque dans un cloître, à un moment d'effervescence et d'agitation religieuse extraordinaire, Élisabeth ait échappé au mysticisme, cela paraît peut-être plus surprenant encore ; et j'y vois un effet de cette vue nette et ferme et de ce large bon sens que Descartes avait développés dans son élève.

Ainsi le Cartésianisme répondait alors aux plus pressants besoins de l'éducation de son temps et ne répudiait aucun de ces nobles sentiments qui sont comme l'apanage du cœur des femmes. Tandis que la scolastique les rendait pédantes ou mystiques et quelquefois l'une et l'autre, il les retira peu à peu du pédantisme, les corrigea du bel esprit et leur fit mépriser le genre précieux. Il voulait d'elles un mérite solide, un jugement sain et une droite raison. Sa morale est pure et repose sur les grands dogmes de l'existence de Dieu, de l'immortalité de l'âme et de la grandeur de l'univers. Si elle n'offre pas toujours aux âmes blessées par la souffrance le remède à leurs maux (et quel moraliste peut se flatter d'avoir trouvé ce remède?) elle ne repousse pas les consolations que les âmes pieuses puisent dans la religion : au contraire, elle les y conduit comme par une pente naturelle, et jamais il ne fut plus vrai, d'aucune philosophie que du Cartésianisme, qu'un peu de philosophie éloigne de Dieu et que beaucoup y ramène. Pour nous qui n'avons pas eu la prétention d'ajouter un nouveau chapitre au traité de l'*Éducation des filles* ni même de recommander l'étude du Cartésianisme aux nôtres, nous ne dirons pas en terminant : « Voulez-vous avoir des femmes d'un christianisme sincère et élevé, faites des cartésiennes ; » mais il nous sera bien permis de regretter pour notre temps un peu de cette science solide et de ce rare mérite qui faisait, au XVIIe siècle, les Élisabeth et les Sophie.

APPENDICE.

LETTRES
D'ÉLISABETH & DE LA FAMILLE PALATINE.

N° 1.

LETTRE DE FRÉDÉRIC DE BOHÈME A LA REINE, SA FEMME.

FRÉDÉRIC A LA REINE.

Du camp devant le Bois-le-Duc, ce $\frac{16}{20}$ juin 1626.

Vous pouvez être assurée qu'en tout lieu où je serai vous serez parfaitement aimée de celui qui sera pour toute sa vie,

Mon cher cœur,

votre très-fidèle ami,

et très-affectionné serviteur,

FRÉDÉRIC.

Le petit Rupert est fort savant d'entendre tant de langages.

N° 2.

LETTRE DE LA PRINCESSE ÉLISABETH A SON FRÈRE,
ÉLECTEUR PALATIN.

Berlin (misdated 1665, probably 1652).

Dear Brother,

If you knew how much joy your letters afford me, I am sure you would have the good nature to let me receive them oftener

than. I do. Your last makes no mention of the copy of my aunt Catherine's Will, which I sent you. There is a ring for you; let me know how you'd have me dispose of it. I will send you the best she left. The Elector of Brandenburg hath put all into my hands; but Timon is so vexed at the 6,000 dollars he is to pay me out of a clear debt, that he will not send me my annuity, and hath commanded Gules de Vic not to pay the pension which my aunt had in Poland; but our Elector will force him to it. I believe he would willingly force me to put my pretensions into the Elector of Mentz's hands, as his wife is like to do; and then he may have just reason to complain. I shall not do it, until I see that all is lost; but I will have my share. I am now very rich in pretensions, for my aunt has 90,000 dollars due for thirty years'exile, in which she received not a penny out of her country. I shall engage the king (of Poland), if I can, to write for me to the Emperor. I would willingly let fall half the sum to get the rest, and still more to know you are still prosperous, both in this and all other undertakings. Everybody here wonders that so many ships stay before Havens, and that some of them do not rather go into the Indies; but everybody understands his own business. I go to attend mine at Cassel, and leave this place within a fortnight, where the elector obliges me more than I can express. I hope you will find some occasions to thank him for it. So farewell, dear brother. I am more than alle the world besides, yours
ÉLISABETH.

N° 3.

LETTRES GALANTES AU PRINCE RUPERT.

Au Chapeau rouge.

Vous voyez que je néglige aucune chose pour vous témoigner combien je suis à vous. Si je ne réussis pas, vous ne devez au moins qu'en accuser mon malheur.

Monseigneur,

Vous ne m'avez pas trouvé changée, puisque je trouve toute ma satisfaction à vous dire que je serai toujours à vous malgré tout le monde.

N° 4.

AU MÊME.

Ce 1er décembre 1653.

M⁕

Je ne puis rien vous mander de ce que je vous avais promis, si vous avez toujours de la honte, prenez la peine de venir demain comme à la coutume ou quelque autre part si vous le voulez et l'on pourra satisfaire votre curiosité.

N° 5.

LETTRE DE CHARLES-LOUIS, ÉLECTEUR PALATIN,
A LA REINE DE BOHÊME (1).

My sister makes mension in all her letters to me how happy she is now, in seeing your Majesty so gracious to her; and as her greater ambizion is to be continued in your favour, like the rest of your childriens, so her only grief would be if you shoud find any

---

(1) The following letters, which are now first published from the original, which were written by some off the most distinguished personage of the last century came into the hands of Sir George Bromley Bartk, In consequence of his being descended from Ruperta, natural daughter to prince Rupert, third son of Frederic, king of Bohemia and nephew to Charles the first, King of England.

:ause in her to discontent you, or to use her with the former collness. If she should have any, I would condem her sooner than any body. For it appertaineth to me, who has received most favour from your majes'y, to have a singular care that none of us fail in the duty and obedience we owe you. Those I will shut up my long and tedious leter, remaining.

      Your Majesty's
       Most humble,
    and obedient son and sevent.
      CHARLES.

Uzès, 25 april.

N° 6.

LETTRE DE L'ÉLECTEUR PALATIN A LA REINE DE BOHÊME.

A Sa Majesté la Reine de Bohême.

Ce n'est pas ma faute de ce que ma sœur a été plus heureuse que moi à rendre la première ses devoirs à Votre Majesté. J'aurais bien souhaité, Madame, être déjà en état de m'en acquitter de bouche, de me prévaloir comme elle de l'honneur de ses grâces et de sa bienveillance. En attendant que ce bonheur m'arrive, je la supplie très-humblement de me donner quelque place par avance et de me croire, avec beaucoup de respect,

    Madame,
     de Votre Majesté,
      le très-humble
    et très-obéissant sujet, fils et serviteur,
      CHARLES.

N° 7.

LETTRES DE L'ÉLECTEUR PALATIN A LA PRINCESSE ÉLISABETH.

Fridericksburg, 20 décembre 1672.

Pour respondre à vos lettres du 13 et 16 décembre je vous diray, ma chère sœur, que je suis bien aise que vous prendrez du gout au vin de Rosmarin de Baccarat; puis qu'aussitost que les Krauter de Baccarat ont ésté faits, j'ay donné ordre, qu'on vous en enverait du lieu en droiture un tonnelet d'Alantwein et une autre de Rosmarin : car du vieux on n'en a point, mais je crains que le nouveau ne vous donne la colique, parceque j'ay ouï dire qu'il n'est pas sain pour les femmes, non plus que pour mon estomac, qui m'a fait quitter tout ce qui m'a ésté delicieux autre fois au gout et me servir seulement de viandes simples et du vin médiocre bien trempé d'eau de Funichstein dont il me reste encore fort peu de provision jusqu'à la saison qu'on en peut querir de nouveau C'est alors que je manqueray pas de vous en envoyer ; car à present la peine et la despense pour la transporter serait inutile, à cause qu'elle ne se conserve pas pendant ce froid. Pour le vin de Boxberg j'ay tout aussitôt donné ordre qu'on vous en envoye de la meilleure année qu'on en a mais je ne crois pas que ce soit vostre fait a cause qu'il est un peu rude et froid, et, comme il me semble, corrosif. Au reste je tiens pour un bon signe de vostre guerison que vos duretés dans le corps vous sont plus supportables que la puanteur de l'unguent de Mlle Clignet et que vous pouvés encore avoir dans l'estat desesperé, où vous croyiez estre, de l'aversion pour ce qui sent comme le fromage. Je n'ay pas eu le nez assez bon pour le sentir, comme elle m'avait envoyé la drogue bien fermée ; mais il me semble que le medecin qui vous avait ordonné de vous servir du lait, devait avoir été informé de l'aversion que vous avez naturellement eu contre le fromage, qui luy est apparenté de fort près, outre l'aversion que la reyne notre mere a toujours eu contre le lait. — Je suis bien aise qu'il vous parait de n'avoir pas perdu toutes vos forces, et puisque par la grace de Dieu elles ont surmontées les effets du solstice hibernal, je ne doute pas qu'elles ne s'augmentent a mesure que la saison du principe s'approche, ce qui me fait espérer qu'apres avoir choisi une coadjutrice à vostre gré, je pourrais jouir de l'honneur et du bien de vous revoir encore chez moi cet esté, pour nous pouvoir expliquer ensemble sur le conseil de Jesus Syrach et epargner la peine a M. l'Elect. de Brandebourg qu'on dit que vous avez fait vostre heritier de faire executer le point qui concerne vos prétentions sur moy, qui ne laisse pas pour ça de vous etre comme je le dois votre tres humble serviteur et frère.

CHARLES-LOUIS.

N° 8.

Ce 27 janvier 1674.

Je crois fort, Madame ma chère sœur, que les offices de mes amis et mes plaintes à la cour de France ne pourront jamais prévaloir tant qu'on se servira de la raison de la guerre et de la bienséance de mes États pour les nécessités de Philipsbourg et des armées du Roy. Je crois aussi qu'il faudra se servir des *Consolations de Boëce* au lieu de celles que vous voulés que j'attende de la justice et de la paix.

Le partage qui m'est écheu est assez commode, quoiqu'il ne soit pas grand et que j'ay encore à satisfaire à deux douaires et peut estre mesme à essuyer deux procès avec deux électeurs, l'un pour Bokelheim avec celuy de Mayence, et l'autre avec M. l'Electeur de Brandebourg, protecteur des veuves et des orphelins, depuis qu'il en a fait un grand nombre par son dernier armement. On lui veut faire accroire que l'une des douairières est grosse, quoique peut estre qu'elle n'en soit pas plus capable que l'autre à ce que l'on m'a persuadé. Néanmoins Madame la Douairière de Simmern dans une lettre qu'elle a écrite à ses conseils approuve l'hommage sans réserve que j'ay fait prendre aux sujets hors ce qui concerne son douaire.

Je suis bien aise que Madame (1) se porte toujours si bien pendant ses grossesses, je prie Dieu que cela continue. Je ne doute pas de la bonne volonté du sieur de Boislabé pour mes interests, et je ne puis pas juger de quelle façon ils réussiront entre ses mains, parce que jusques à présent, je ne l'ay pas encore employé à solliciter quoique ce soit, depuis le mauvais traitement que j'ay receu de l'armée de M. le Prince de Turennes. J'ay seulement désiré qu'il se plaignit par manière d'information et il me fera plaisir de demeurer encore en ces termes.

Ce que je vous ay envoyé ne mérite pas les remerciemens que vous m'en faites. J'aurois souhaité que le désordre des affaires de ce pays m'eut permis de vous donner plus tôt ceste petite satisfaction, et je m'estimeray heureux, lorsqu'en des occasions plus importantes je trouveray le moyen de vous faire connoitre la passion constante que j'ay pour vostre service.

CHARLES-LOUIS.

N° 9.

Fridericksburg, 7 *mars* 1674.

Madame la P. Élisabeth,

J'ay toujours ouï dire quil n'est pas mauvais d'accepter a bon compte ce qu'on offre, quoique les affaires changeant si souvent de face que celuy qui le fait aujourd'hui peut devenir demain incapable de l'effectuer. Apres la guerre avec les Lorrains je vous ai offert cinq foudres de vin par an quoique je vous aye assez remontré que les loix ne m'y obligeaient point. Cela vous eut bien

(1) Duchesse d'Orléans.

valu quelque chos esi vous les eussiez accepté, mais il semble que vous avez mieux aimé en faire des arrerages. Depuis il y a environ deux ans j'ay proposé des revenus du cloitre de Libenano près de Worms et non de Lohrbach, comme vous croyés, celuicy n'estant pas un cloitre. Vous avez encore laissé reposer cette affaire-là, dont je n'ay pas esté faché, puisque ce delay a fait voir que vous n'en avez pas eu grand besoin. A cette heure au moment que je recois votre lettre, les francais me font la guerre; ils m'ont ostés le chateau de Germensheim et de Selz et je ne suis plus maitre dans mon baillage de Germensheim quils ont mis en contribution. Aussi le bon Dieu n'a pas beni la derniere vendange (peut etre parceque vous n'en avez pas voulu) au lieu de 80 foudres de Bacara de la precedente je n'en ai eu que 9 celle cy, pour les paiyer au lieu de $\frac{m}{20}$ R d'un quartier de l'année passée, je n'en ay eu que $\frac{m}{5}$ la presente mes autres revenus vont a cette proportion et le nouveau duché ne me rend pas grand chose outre qu'une vieille et une jeune duchesse toutes deux douairieres m'en emportent une grande partie. Enfin le tout est au pouvoir du bon Dieu et du grand roi de France dont l'on dit que vous êtes pensionnaire. car sans cela ou que vous fussiez plus jeune que vous n'etes vous prendriez pas son parti avec tant d'animosité comme l'on dit que vous faites. J'ay si peu de proches heritiers avec lesquels vous ne pourriez entrer en affaire et de si jeunes et vous et moi pas si vieux que je ne crains pas que nous survivions ces proces de les mettre en danger d'avoir un jour de facheuses affaires. Je suis avec sincerite et fidelite comme cy devant.

Mais lorsque je serais maître de mon bien s'il vous plait d'ordonner quelqu'un qui entende les affaires et qui s'informe de nos offres dont j'ay laissé le detail a Hegdelt je ne doute pas que je ne fasse voir à tout le monde que je suis plus équitable que vous ne voulez qu'on croye.

CHARLES-LOUIS.

N° 10.

Fridricksb. $\frac{14}{24}$ oct. 1676.

Comme le S' de Friesenhausen m'a montré la liste des plantes et semences que vous desiriez pour vostre jardin, j'y ai obei avec joye souhaitant de vous pouvoir temoignés par des effets plus considerables, combien je desire meriter le ressentiment que vous me temoigniez pour si peu de chose, et que nonobstant que mon service ait esté bien foulé par mes amis et mes ennemis, il portera toujours des fruits pour votre service, tant quil vous plaira de l'arroser de votre bienveillance. J'espere que le vin Schwesheim de cette année aura le bonheur de satifaire a votre gout aussi bien que le krauter-wein de Baccarah pour un autre echantillon de cette verite et avec autant de succes pour le temps quil durera comme vous me faites espérer de mes plantes et semences en quoy jusques icy le jardin le plus proche de ma chambre où mes yeux se plaisent le plus a esté assez fertile. Et quoyque je craigne que vostre souhait de voir notre chere patrie remué en son premier etat n'arrive qu'en l'année de Platon, je ne laisse pas de vous en estre bien obligé et borneray cependant ma satisfaction au désir de me voir en une condition asses heureuse de vous en pouvoir donner avec plus de substance, comme le doit votre très humble serviteur et frere.

CHARLES-LOUIS.

N° 11.

Ce $\frac{9}{17}$ octobre 1676.

Je serais bien aise que tout nostre $\frac{sec}{siecle}$ jugeast de la bienveillance comme il vous a pleu me temoigner par vostre lettre du 6 novembre : en ce cas-là l'obligation que j'ay et une partie d'iceluy ne serait pas difficile a satisfaire. Je ne laisse pas de prendre ma part a la benediction dont Dieu vous a pourvue quand meme mon amitie fraternelle n'ait eu lieu d'y avoir pu contribuer non plus que la votre au bien dont le Seigneur m'a gratifié. En tout cas je ne pretends pas approfondir les jugements qui sont impénétrables. Je doute fort que vous et moy vivions assez longtemps pour jouir de la reforme et du retablissement que vous souhaites et qui nous serait fort necessaire et encore moins pour pouvoir discerner les marques veritables du renouvellement des cœurs. Je reçois celles avec beaucoup de joye que vous me donnés de vouloir aggreer le vin de Schriesheim que je vous envoié, comme aussi que votre estomac n'a encore besoin du renfort qui vous pourrait causer le bransle de notre feu comtesse de Lawenstein ou l'extase de Mlle de Harington ; mais comme il se pourrait trouver quelque Timothée sous votre juridiction de l'un et de l'autre sexe qui s'en pourrait fortifier, je n'ay pas voulu manquer de vous envoyer le plus fort, pour en dispenser selon que vous savez qu'il leur sera salutaire, ne doutant pas que votre trouppeau aussi bien que vous et moy auront appris de se servir des benedictions du ciel, tant quils les peuvent avoir et de ne se point inquieter, quand il leur manque. Celle de votre affection sera toujours tres considerable a votre tres humble serviteur et frere.

CHARLES-LOUIS.

N° 12.

$\frac{3}{13}$ feb. 1677.

Sil vous eust plu d'accepter les offres que je vous ay faites devant la guerre avec les francais, vous eussiez pu jouir d'avantage des fruits de cette terre que vous n'avez fait pendant que j'en possede une partie. Mais lors que vous m'aviez menacé de procès et que depuis mes protecteurs aussi bien que mes ennemis pour lesquels l'on dit que vous avez apologié ont ruinés, il a fallu me tenir sur mes gardes. Vous m'obligez beaucoup de m'en attendre pas grand chose jusqu'a une bonne paix par laquelle l'on puisse aperceveoir si la benediction de Dieu est seulement pour ceux qui aiment la Justice et si ceux qui ne servent ny le droit commun, ny le droit des gens seront les seuls punis. Cependant si vous n'estes pas satisfaite on trouverait bien un juge sur terre qui decidera touchant vos prétentions, puisque la justice divine s'en meslera immediatement devant nos derniers jours où j'espere quelle fera grace aux repentants et la recompense de votre moderation suppleera au defaut de vous pouvoir temoigner plus satisfactoirement que je suis.

CHARLES-LOUIS.

N° 13.

Fridrich bon. $\frac{5}{15}$ *mars* 1677.

Je n'ay receu que depuis peu de jours en ce votre lettre du $\frac{18}{18}$ de Fevrier avec le livre de Mr Robert Barclay intitulé *Beat^{æ} veræ Christianæ apologia* dont je vous rends graces très humbles. Il semble que l'auteur n'est pas assez regeneré, puisquil se vante d'estre parent de feu roy Jacques, si je ne me trompe c'est par le coste de la maison de Lenox et je crois avoir connu son pere que vous nommés colonel Barclay *squier of the body* du feu roy Charles et fort affectionné a notre maison, mais pas tant illuminé comme ce sien fils pretend de l'être. C'est une des faiblesses humaine qui a esté de tout temps que des beaux esprits et savants se veulent rendre renommés par la singularité, principalement ès affaires de la religion.

Pour moy qui n'ay pas le loisir ni la commodité d'esprouver les esprits de cette nature par l'observation de leur pratique, je ne manqueray pourtant pas d'employer quelques heures pour m'informer par la lecture de son livre qui me parait savant de ses speculations.

Pour le reste du contenu de votre lettre que vous avez bien voulu appeler une defense, j'en differeray la reponse, s'il vous plait a un autre ord°, lorsque je tacherai d'appliquer vos saintes admonitions a mon avantage, tant que je pourrai et au vostre. *For charity begins at home*, comme dit l'apotre S' Paul, si je ne me trompe. Aussi n'y a il que le bon Dieu qui soit juge infaillible des actions des mortels; auquel je vous recommande en finissant a la mode des bons Quaquers que je troùve la plus commode dans leur religion, quoiqu'elle ne soit nouvelle, mais usitée entre les espagnols qui viennent des maures mahometans.

CHARLES-LOUIS.

N° 14.

LETTRE DE LA PRINCESSE ÉLISABETH, ABBESSE DE HERFORD,
A WILLIAM PENN.

Hesford may 2 1677.

This friend wrill tell you that your letters were very acceptable together with your wishes for my obtaining those virtues, which may make me a worthy follower of our great king and Saviour Jesus Christ. What I have done for his true disciples, is not so much as a cup of cold water, since it affords them no refreshment. Neither did I expect any fruit of my letter to the Duchess of L.., as I have expressed, at the sane times into B. T., but since R. B. dedired I should write it, I could not refuse him, nor omit to do any thing that was judged conducing to his liberty, though it should expose me to the derision of the world. But this a mere moral man can reach it; the true inward graces are yet wanting in

Your affectionate friend,
ELISABETH.

N° 15.

LETTRES DE L'ÉLECTEUR PALATIN A LA PRINCESSE PALATINE.

Ce $\frac{15}{25}$ décembre 1677.

Le peu que j'ay pu contribuer à votre satisfaction et service dont il vous a plu de faire mention par votre lettre du 9 de ce mois ne mérite pas le ressentiment que vous en témoignés.

Le viel radotteur Schever n'a pas eu ordre de moy de vous mander qu'il veut faire mettre en compte le poste des vins dont il y aurait quelque différent entre vous et les marchands, sur ce qu'à l'avenir je vous voudrais accorder de votre traitement en vertu de vos prétentions par le testament du feu roy votre frère et par le contrat de mariage de la reine votre mère.

Il ne me laisse pas de vous estre fort obligé de la bonté dont vous voulez user envers moy, de n'augmenter pas les procès dont je suis menacé de mainte part, avant que la paix soit conclue. Je souhaiterai cependant que mon amitié ayt put estre aussi utile que celle de mon collègue M. l'El. de Brandebourg avec lequel je ne puis prétendre autre égalité qu'au titre et au rang d'électeur, et au désir d'être juste et équitable selon ma proportion. Vous n'avez pas eu le même sujet de le faire souvenir du proverbe allemand *das man Klüger von Raskhaus herunter geht als man daraus gegangen ist*, comme il vous a plus me reprocher dans une de vos précédentes lettres, par ce qu'il est en chemin de gain pour le bien public et moy encore en celui de perte.

Mais je m'assure que ni mon humeur ni l'estat de ma fortune avant cette guerre n'auront pu persuader aux gens sens que c'est par gaieté de cœur et sans une nécessité inévitable que je m'en suis meslé, dont le jugement et l'issue dépend des puissances supérieures, aussi bien que le destin de ceux a ce que je voy qui sont demeurés neutres. Sans cela comme j'ai ouy dire votre abbaye seule serait en estat de maintenir une princesse de votre naissance. Pour moy je sache le mieux que je puis de maintenir mon individu selon la mienne.

Au reste, *Deus providebit*, en ce monde icy et en l'autre pour votre très-humble serviteur et frère.

CHARLES-LOUIS.

N° 16.

16 *mars* 1678.

S'il vous plaisait de vous servir de la main d'une de vos religieuses ou quelque autre personne affidée lorsque vous me faites la faveur de me donner part de vos sentiments charitables envers moy, cela légitimerait la liberté que je prends d'épargner mes yeux affaiblis par ma dernière maladie, à vous remercier très-humblement, pour les bontés que vous m'avez témoigné en vos deux lettres $\frac{11}{14}$ et $\frac{5}{25}$ mars dernières qui me donnent beaucoup de joye à me faire voir que l'austérité de votre dévotion n'a pu empêché le retour de votre embonpoint. Pour moy qui n'en ay jamais eu (j'entends de bon embonpoint) je n'ay pas laissé de m'amaigrir davantage par la douleur de ma dernière indisposition qui m'a duré trop longtemps pour la croire un bénéfice de la nature, puisque mes forces ne s'en reviennent pas si promptement, que l'appétit a manger et l'envie de dormir les après-diner; ce dernier est un présage de la fin que la feu reyne votre mère a eu dans un âge plus avancé, a laquelle je me prepare en etudiant la patience chretienne qui me pourra servir en tout ce qui m'arrive, lorsque je ne puis y remedier en ce monde ou en l'autre. Je crois cette vertu un don de Dieu aussi bien que la foy des biens et des maux dont on peut jouir en eternité, et si les diables en estaient capables, ils pouraient braver les tourments de l'enfer en cas que la longue habitude qu'ils ont de la souffrir ne leur tourne en conte de vertu. Je voudrais en avoir assez pour pouvoir meriter le caractère de votre très-humble serviteur et frère.

CHARLES-LOUIS.

N° 17.

$\frac{5}{15}$ *juillet.*

Vous m'avez fait un grand regale d'avoir voulu prendre la peine de m'informer si particulièrement de ce qui s'est passé à votre regard devant la marche de l'armée française par vos quartiers et que vous avez la bonté de m'attribuer une partie de la cause que pour l'amour de Mad. ma fille ils vous ont temoigné le respect et la complaisance qui vous est due. Je vous en remercie très-humblement et m'en réjouis de bon cœur ne portant point d'envie envers ceux de mes amis a qui cette alliance a été jusques icy plus profitable qu'à moy même qui ne laisse pas cependant de me consoler de mon sort. Celuy d'un electeur possesseur de tant d'estats hereditaires et conquises, de tant de places fortes, pourveu de si grandes alliances, commandant 30 ou $\frac{m}{40}$ hommes en propre des troupes bien agguerries et victorieuses, si fort eloigné des frontières de ses puissants ennemis est bien plus extraordinaire, ayant avec tout cela esté induit sans perte de bataille à faire une paix qui ne luy est pas trop avantageuse. Je ne trouve pas qu'on ne dise jamais la vérité aux grands princes, comme vous croyez, mais il me semble qu'on leur dit que celle qui leur plaist ou qui est profitable à ceux qui la débitent; pour nous autres petits potentats d'Allemagne la plus grande partie de nos Cons^{rs} ne visent aux avis qu'ils nous donnent qu'à ce qui est convenient à leur petit menage, sans beaucoup considérer l'honneur ou le profit de leur maître et le bien de la patrie, et sont fort habiles à trouver des difficultés aux desseins de leurs maîtres pour prevenir les maux sans en pouvoir fournir de plus raisonnables et salutaires ou par manque d'esprit ou que leur interest les porte afin que les princes ne soyent trop puissants et par ainsi trop absolus et indépendants de leur propos de coq à l'asne sans grand raisonnement et sans autre visée que celle que je viens de dire qui d'ordinaire n'a pas l'étendue de leur nez, je ne vois plus cette prevoyance ny ce zèle pour le rétablissement et conservation de la grandeur de leur maître dans les termes et dans la proportion au spirituel et au temporel ou les loix et les coutumes de l'Empire les ont mises : ny qu'une bonne chaine d'or d'un prince etranger ou quelque autre avantage ne se rende maître de leur volonté devant celle a laquelle ils ont fait serment, et dont ils reçoivent de bons gages, et quand même il n'y aurait qu'un homme de ceux cy dans un conseil privé, il serait capable de ruiner son maître. Cependant je suis bien aise que la conduite de votre protecteur, ne vous a causé plus d'inconvéniens, qu'il aist experimenté que de rompre des alliances est aussi incommode pour les puissants princes que pour les faibles, n'y ayant point de quelle taille quils soyent, qui ne puissent un jour avoir besoin l'un et de l'autre. Je prie Dieu de vous conserver en bonne santé et nous laisser la paix qui sans sa prévoyance va estre troublée si les troupes Imp^{les} et Lorraines ne se retirent, a ce que M. de Bissi m'a averti par un expres, vous pouvez bien croire que je tasche de prevenir ce nouveau désordre tant que je puis; car je suis un homme très paisible sur ma couche à cause de deux ecorchures que j'ay à ma jambe gauche.

CHARLES-LOUIS.

N° 18.

LETTRE DE LA PRINCESSE ÉLISABETH, ABBESSE DE HERFORT.

Herfort ce 9 janvier 1670.

Il y a quelque temps, Monsieur, que j'ay prié le sieur thresaurier Schilver d'addresser ses lettres à Jean Stewer maître des postes imperiales à Herfort a cause que sans cela celuy de Cassel envoye toutes ses lettres a Dettmold où elles demeurent des mois entiers et votre lettre du 2 aoust a eu cette fortune. C'est pourquoy j'estois deja engagée de parole à un ministre qui est, comme je crois, propre pour cet employ ; ainsi je ne puis accepter celuy que vous me nommés et que M. l'Electeur mon frère a eu la bonté de permettre que j'en sois accommodée après avoir fait la depense de son voyage en Angleterre ; il est vrai que les prédicateurs modernes de ce royaume n'approchent pas des anciens et qu'ils s'appliquent plus à la régularité des périodes et à la beauté des antithèses qu'à la sonde des consciences ; cela chatouille les oreilles mais ne touche pas le cœur ; si je ne cherchais qu'un bon prédicateur, les lutheriens qui sont icy et que j'ay choisy moy même me pouvaient suffir, comme nous vivons icy en une parfaite union, je n'aurais besoin que de faire venir quatre fois par an le ministre de la Comte de Lipp pour me donner la Ste-Cène. Tout ce qui m'oblige d'en prendre un en ma maison, c'est pour avancer mes domestiques et les familles de notre religion que j'ay planté icy dans la piété. Cela se fait plus par le bon exemple et la conversation que par les prêches. Il n'est obligé d'en faire qu'un par semaine, mais les prières publiques se font tous les jours et la catéchisation aussi souvent qu'il le trouve a propos. C'est pourquoy j'aime mieux un ministre pieu qu'éloquent. Je vous ay neanmoins beaucoup d'obligation de la peine que vous avez pris de m'en choisir et ne doute pas, qu'il ne m'eut donné de la satisfaction, si votre lettre fut venue en temps. La duplique m'a trouvé incommodée d'un grand rusme qui m'a empêché de répondre plutot. Je souhaite pouvoir meriter la bonne opinion que vous y exprimez de votre affectionnée.

ÉLISABETH.

A M. L. D. Fabritius, Conseill. Eccl. de S. A. E, Palⁱⁿ.

N° 19.

LETTRE DE L'ÉLECTEUR PALATIN A LA PRINCESSE PALATINE.

Fridrichsburg le 9° d'aoust 1679.

Vous n'avez rien perdu par le mauvais traitement du mareschal de Créqui, ni par l'infidélité de vos domestiques dont vous vous plaignés, puisque cela vous fait faire une si belle reflexion, comme il vous a plu me temoigner par votre lettre du 1er d'aoust sur le devoir de la charge que Dieu nous a commise pour sa gloire. Mais comme je crois que la conservation de soy meme et de ceux qui en dépendent, en fait une grande partie, j'espere qu'il ne trouvera pas mauvais que nous nous déchargions le mieux que nous pouvons, par les voyes permises dans sa loy, de ce qui sert a notre destruction et qu'il nous donnera de la patience pour le reste. C'est celle que je tache de pratiquer selon le petit talent quil m'a donné, laissant le reste à sa divine providence a laquelle je vous recommande comme le tres humble serviteur.

CHARLES-LOUIS.

N° 20.

LETTRE DE L'ÉLECTEUR PALATIN A Mme L'ABBESSE DE MAUBUISSON.

7 septembre 1679.

Vous avez eue la bonté de prevenir l'eclaircissement que j'ai donné a N. touchant le doute sur le point de notre correspondance et vous ne vous etes pas trompée encore que je trouverais votre papier et son contenu plus doux et plus agreable que vouloit estre celuy de Mad. la pr. Catherine ma tante pour une personne comme moy qui a les hœmoroides au corps et à la ..... dont je vous suis infiniment obligé. Je n'ay qu'a me plaindre que vous vous servez de plus de formalités envers moi que n'est necessaire dans un billet et entre des personnes qui sont si proches et puis que parait que vous voulez bien que je doive estre le premier qui rompe le cours aux compliments entre nous, je me promets que vous ne trouverez pas mauvais que je vous assure en frère freddon que je suis comme je le dois votre très humble serviteur et frere selon la chair.

CHARLES-LOUIS.

N° 24.

MARIE SCHURMANN A SAMUEL RACHELIUS,
PROFESSEUR DE DROIT (1).

« Vous m'écrivez que vous avez lu le livre de M. Yves. Vous approuvez sa réfutation d'Antoinette Bourignon (célèbre mystique du temps), mais vous faites vos réserves sur ses opinions théologiques. Je ne m'en étonne pas, car vous avez sucé l'opinion contraire avec le lait de votre mère, et elle vous a entretenu dans cette agréable erreur. Mais je vous prie et vous supplie par l'amour de la vérité qui peut délivrer ses enfants des liens les plus forts de l'erreur et des ténèbres de l'ignorance, de relire cette lettre de notre aimé frère et pasteur, comme sortie du plus pur amour et d'un zèle ardent pour la gloire du souverain roi et du Seigneur des seigneurs, et de la lire sans jugement préconçu, avec simplicité et bonne volonté. Car elle traite d'une question capitale. Il s'y agit du pouvoir souverain et absolu de Dieu sur toutes les créatures qu'il a créées du néant. Il s'y agit de sa très-libre et très-sainte volonté, de ses décrets et de sa prescience. Cette prescience est-elle immuable, ou bien au contraire peut-elle changer? La suprématie de l'Être souverainement nécessaire est-elle indépendante, ou bien reçoit-elle des bornes du dehors et souffre-t-elle des limites d'une cause qui lui soit extérieure? Dieu a-t-il fait l'homme pour l'homme ou pour lui? Tels sont les points que cette lettre soulève et que j'ai déjà touchés dans mon *Euduria* et ailleurs.

« Je ne veux ajouter qu'un mot sur la nécessité de notre abnégation et renoncement qui seuls peuvent rendre douce et profitable cette doctrine de la prédestination. Il est bien juste que l'on exige

---

(1) Cette lettre nous prouve que la théologie morale et dogmatique, dans ce qu'elle avait de plus délicat et de plus ardu, était encore l'objet de ses entretiens.

de nous cette abnégation que le Christ veut et ordonne avec justice. Car nous avons tous péché dans Adam. Nous avons tous offensé notre Dieu et Seigneur en la personne de notre premier père. Nous avons rejeté et repoussé son absolu pouvoir sur nous. Nous avons voulu nous appartenir et non pas à Dieu, et nous sommes érigés chacun en Dieu de nous-mêmes. Jusqu'à ce que nous soyons régénérés par son esprit, nous persistons dans notre rebellion et infidélité. Il est donc de toute justice que nous retournions à Dieu par la voie contraire, c'est-à-dire en brisant le joug superbe de notre raison, et de notre orgueil, et de notre amour pervers, et en faisant profession de la plus complète abnégation et du plus entier abandon, à moins que nous ne soyons des ennemis de nous-mêmes et de Dieu, comme tous ceux qui ne se convertissent pas à sa loi. »

N° 22.

LETTRES DE L'ÉLECTEUR PALATIN A LA PRINCESSE PALATINE.

Frid. $\frac{30\ \text{9bre}}{10\ \text{oct.}}$ 1679.

L'entrée de votre lettre du $\frac{12}{22}$ sept. m'a d'abord fort surprise mais comme j'ai veu par la suite de la relation qu'il vous a plu me faire de votre mal et de sa cause, je trouve sujet d'en bien augurer pour votre guerison dont j'auray une très grande joie. Celle de l'écorchure de la tibia de ma jambe gauche, n'a pas reussi asses tost nonobstant que j'ay gardé le lit dix jours de suite, pour pouvoir avoir le bonheur de voir ma sœur d'Osnabrug sur son passage vers les Estats, dont l'un et l'autre m'a esté une grande mortification, autant qu'est celle que je n'ay pas les remedes que vous m'attribués en si grand nombre d'avoir, ni si aisé de travailler pour ma conservation et celle des personnes qui me sont soumises. J'en voudrais avoir assez pour pouvoir contribuer à la vostre selon mon obligation et selon que la bonté que vous me temoignez par vos bons souhaits le merite : je ferai toujours mon mieux pour l'un et pour l'autre, selon la faculté d'esprit et de matiere que le bon Dieu me laissera et particulièrement à vous temoigner combien je suis votre tres humble serviteur.

J'ay toujours craint que votre cure de lait ne vous ferait pas grand bien non plus qu'à moi, si j'en eusse pris. Depuis que je suis toujours couché, l'enflure de mes jambes le soir ne paroist plus, je ne scais ce qui en sera quand je recommenceray a me promener à cheval et à pied.

CHARLES-LOUIS.

N° 23.

Fridrichsburg, le $\frac{18}{28}$ octobre 1679.

Je ne croyois ny esperois pas que votre mal deviendroit au point que vous le mandés a ma sœur d'Osnabrug : j'en suis bien touché et peut être plus que vous ne pensez. Ce n'est pas que je vous veuille donner la peine de me répondre ni que je croye meriter quelque chose par cette compassion qui m'est très naturelle et sans affectation, que je tasche de vous asseurer de cette vérité. Je voudrois pouvoir aussi aisément vous servir de quelque remède. Il me semble que l'autheur que je vous ai marqué sur ce billet en escrit très bien et que vos medecins y auront fait reflexion, pourveu qu'ils ne soient de l'humeur ordinaire de ce mestier de ne suivre que leur caprice singulier et ne pas assez examiner les causes de la maladie devant qu'on prescrit la cure. J'avois espéré que le changement de votre climat pour un plus doux eut pu prolonger vos jours au pays de votre naissance et que par là j'eusse eu plus de moyens de contribuer à votre recouvrement et satisfaction, dont je ne desespere pas encore, puisque je vous vois par votre ecriture et votre style le cœur bon aussi bien que le reste qui pourront bien avec l'aide de Dieu surmonter la faiblesse du reste. Si c'étoit de la saison de s'en servir, je crois que les eaux aigres de Janichstein vous ouvriroient très bien vos obstructions en les beuvant en quantité, puisqu'elles me font grand bien, n'en prenant que deux tiers avec un tiers de vin clairet a mes repas, car je tiens celles de Schwalbach trop violentes. Mais j'en parle comme un ignorant au mal d'autruy, quoique je crois connoître très bien le mien et que nonobstant la diéte que je tiens, mes jambes suivront bientôt votre ventre au cercueil; a quoy je me résous Dieu mercy aussi facilement que vous et n'apprehende sur le chemin pour y aller que la decrepitude et la douleur qui est une mechante preparation pour la mort quand meme l'on auroit toute la resignation a la volonté de Dieu qu'il faut bien avoir en depit de nous. J'espere que notre B. Helmont aura trouvé encore parmi les papiers de feu son pere quelque recepte pour vous remettre en estat de pouvoir consoler et rejouir vos amys et parents et particulierement votre tres humble serviteur et frére, quoique depuis trente ans il n'ayt été si heureux de se voir dans le premier poste qu'il envioit avoir dans ce temps la en votre amitié.

CHARLES-LOUIS.

N° 24.

Frid. $\frac{20}{30}$ *oct.* 79.

Comme j'ai appris par la relation de ma sœur Madame la Princesse d'Osnabrug du $\frac{12}{22}$ de ce mois (que je n'ay receu qu'hier par l'ordinaire) du mauvais estat où se trouve votre santé que je n'ay cru pouvoir empirer en si peu de temps et que vous ne seriez pas fachée de veoir quelqu'un de ma part, je vous envoye très chere sœur, mon medecin de la Chambre le Sr Dr Heusch pour vous asseurer de mes services, vous temoigner combien je suis sensible de la mauvaise constitution de votre santé et que je souhaite avec passion de pouvoir contribuer quelque chose a votre soulagement et entiere guerison. Pour cet effet je vous supplie de lui faire la grace de l'entendre favorablement, de luy permettre de s'informer de l'estat de votre mal et d'estre admis aux consultes qui se tiendront et de donner son suffrage pour les remedes après s'etre bien informé de ce qui est necessaire, pour en pouvoir bien donner son jugement. Cependant je prierai le Dieu tout puissant très chere sœur de vous rendre bientost vostre sante et vos forces, afin que je puisse jouir du bonheur de vous temoigner encore quelques années que vu l'imbecillité de ma constitution je me persuade ne pouvoir estre de grand nombre, avant que je ne passe en l'autre monde, combien je suis en celluy ci, etc.

CHARLES-LOUIS.

N° 25.

Fridrichsburg, 24 juin 1680.

Votre seing et le contenu de votre lettre du 23 janv. m'a fort consolé dans le regret que j'ay d'ailleurs de vous savoir si mal. Je ne vous aurais point importuné de cette reponse, si je n'avais appris de ma sœur d'Osnabrug, que mes lettres vous divertissaient. J'ay ouï dire que c'est un bon signe de vie quand un medecin condamne un malade a la mort et que son admonition est moins fatale que celle du ministre. Vous verres neantmoins sil vous plait par le papier cy joint, que je ne laisse pas de me servir aussi de l'assistance de son mestier pour vous faire recouvrir vos forces et me donner l'honneur de vous rendre mes devoirs chez moy cet été s'il plait a Dieu ou je tacheray de vous temoigner combien je seray le reste de ma vie.

Votre tres humble serviteur et tres affectionné frère.

CHARLES-LOUIS.

NOTES.

NOTE A.

SUR LE DISCOURS DE LA MÉTHODE.

Je visitais, il y a quelques années la Hollande, cherchant à recueillir les traces de ces années qui en ont laissé si peu, confrontant le récit de Baillet avec le souvenir des lieux, hélas! plus muets encore que son histoire. C'est là, me disais-je, dans les années d'une tranquille paix, sitôt suivie par des années de guerre, qu'il amassait jour par jour ce trésor d'observations et de connaissances qui allaient changer la face de la science. C'est là, qu'il tenait ce journal du solitaire, où le fait en apparence le plus insignifiant, un changement du ciel, une opération de chirurgie, tout devenait la matière de ses réflexions. J'eus le bonheur de découvrir parmi d'autres manuscrits quelques pages de ses cahiers de jeunesse. J'ai raconté ailleurs l'histoire de cette découverte curieuse à bien des titres; on ne peut lire sans intérêt ces feuillets détachés d'une œuvre plus complète, arrivés jusqu'à nous dans une sorte de désordre singulier qu'explique leur naufrage et qui ajoute à leur effet. C'est là que parmi tant de pensées vives et fécondes, nou avons retrouvé l'annonce et la première rédaction du début de son discours, qui ne parut que dix-huit ans plus tard.

Je me rappelle encore l'effet que produisirent sur moi ces mots, datés des calendes de janvier 1619 :

« Comme un acteur met un masque pour ne pas laisser voir la

rougeur de son front; de même moi qui vais monter sur le théâtre de ce monde, où je n'ai été jusqu'ici que spectateur, je parais masqué sur la scène : *larvatus prodeo.* »

Ce théâtre, cet auteur encore inconnu, qui se prépare à paraître, tout nous attirait et nous captivait de ce journal.

Plus loin il notait avec quelle verve, on s'en souvient (1), l'histoire de sa première découverte et l'enthousiasme qui la suivit.

« C'est dans l'année 1620 que j'ai commencé à comprendre le fondement de l'invention merveilleuse : *fundamentum inventi mirabilis.* »

Puis à mesure que nous avancions dans ce singulier récit, se succédaient les pensées vives, les images les plus saisissantes, des conversations notées qui furent le germe de quelques découvertes ou bien les phénomènes qui l'avaient conduit à de curieuses observations anatomiques, physiologiques, météorologiques, et partout se révélait à nous, non pas un Descartes nouveau, mais plus jeune et encore inconnu, le Descartes *des pensées* avant d'être le Descartes *du Discours de la Méthode*. Voilà donc, me disais-je, ce que le philosophe appelait ses rêveries; c'était l'ébauche de son discours et une préparation féconde à ce traité toujours promis, et sans cesse ajourné.

Puis tout à coup, en novembre 1635, dans une lettre datée d'Utrecht et adressée à Constantin Hugens (2), nous le voyons occupé à surveiller avec lui l'impression de la *Dioptrique*, et dans les premiers mois de 1636, en quête d'un libraire, et presque résolu de se faire imprimer à Paris, pour échapper à la tyrannie des Elzevier.

Quel était donc le précieux manuscrit qui rendait si vite Descartes infidèle à ses projets de ne plus écrire et de préférer à tout son repos ?

(1) Baillet prétend qu'il avait fêté saint Martin, c'est-à-dire qu'il était ivre.

(2) Voir ces lettres dans les *Œuvres inédites de Descartes*, t. II, *sub finem*.

Descartes nous l'apprend lui-même dans sa lettre à Mersenne. Il y aura quatre traités, lui dit-il, et le titre en général sera : *Le projet d'une science universelle qui puisse élever notre nature à son plus haut degré de perfection : plus la Dioptrique, les Météores et la Géométrie, où les plus curieuses matières que l'auteur ait pu choisir pour rendre preuve de la science universelle qu'il propose, sont expliquées en telle sorte que ceux-mêmes qui n'ont point étudié les peuvent entendre.* Ce titre était un peu long. Descartes l'abrégea l'année suivante, quand l'ouvrage parut à Leyde, chez Jean Maire, imprimeur, sous celui-ci : *Le Discours de la Méthode, pour bien conduire sa raison et chercher la vérité dans les sciences.* Les trois traités annoncés plus haut parurent à la suite. C'est le même ouvrage que Descartes appelait ses *Essais*.

On a tout dit sur ce discours justement célèbre. L'enthousiasme, l'admiration n'a fait que croître, depuis le jour où M. de Beaugrand, averti de l'impression, apostait à Leyde un homme, qui lui faisait passer les feuilles encore humides du premier tirage; ces feuilles, que se disputaient Fermat, Mersenne, Villebressieux et tant d'autres. Jamais réformateur ne s'est annoncé par une œuvre plus originale. Le soin que Platon avait mis à voiler son âme, Descartes le mettait à découvrir la sienne, et l'on peut dire que c'est par la vive empreinte qu'il a laissé de lui-même dans ce premier discours, qu'il a marqué dans les lettres, dans les sciences et dans la philosophie. Par lui, il s'emparait de l'attention de son siècle, et gagnait, comme il l'a dit, sa première bataille.

Ce dut être une étonnante nouvelle que ce petit livre jeté dans l'arène des partis, dans la fureur des disputes, et qui conviait à la science et à la philosophie ceux qui n'ont point étudié. Sa tactique était neuve comme sa méthode. Il faisait appel à ceux qui n'étaient points savants, qui n'avaient pas été nourris aux lettres, qui n'avaient point appris l'éloquence, disons-le en un mot, aux ignorants. On voudrait presque, en le lisant, lui faire honte d'un choix aussi misérable, lui demander comment il espère concilier tant de bassesse avec tant de science. En effet, rien n'est trop grand pour composer sa philosophie, et, au contraire, rien n'est trop bas pour être le canal par lequel il espérait la répandre.

Reprenons donc encore une fois cet étonnant récit ; apprenons de la bouche même de Descartes qu'elles furent ces deux ou trois grandes batailles où il eut l'heur de son côté. Il était enfin parvenu, pour mettre à exécution ses vigoureux desseins, à se faire une retraite aussi sûre que celle des déserts les plus écartés. C'est là que ce soldat de l'esprit, quand son plan fut arrêté et toutes ses mesures prises, commença le mémorable siége qui l'a tant illustré. Il allait d'abord, nous dit-il, comme un homme qui marche seul et dans les ténèbres. C'est assez nous dire qu'il allait lentement. C'était chez lui l'effet non de la crainte, mais des ténèbres volontaires auxquelles il s'était condamné, écartant de lui tous les objets qui auraient pu lui nuire, et ne gardant rien de ceux-là même qu'on aurait pu lui supposer utiles. Dans cette nuit profonde où ses mains ne touchaient que des ruines qu'il avait faites pour nettoyer les abords de la place, il était difficile de s'orienter pour éviter les précipices, pour savoir où poser les échelles. Quelques pierres ramassées parmi les décombres, et dont il se servit comme de premiers échelons pour monter plus haut, l'amenèrent enfin au pied de cette tour, où devait se faire l'éclatante lumière qui lui donna le courage de l'attaque et l'heur de la victoire. Ce fut comme une révélation soudaine où son esprit vit en un instant plus que les mots ne sauraient exprimer en bien des pages ; enfin il vit dans un trait de lumière la certitude de vaincre, la possibilité d'aller plus avant et comme une esquisse des conquêtes futures qui déjà lui donnaient des ailes.

Une fois maître du fort, il s'y établit : avec quelle vigueur, nous le savons. Mais là, par un des retours du génie qui le conduisait, bientôt sa solitude l'effraye ; sa pensée qui, de tous côtés, planait sur des ruines ne sait plus où se prendre ; peut-être sans un secours immédiat va-t-il retourner aux monstres et aux chimères qu'il a quittés pour toujours. C'est alors que par un second trait de lumière encore plus achevé que le premier, il vit en face de lui-même et sur le miroir de son âme, je ne sais quels traits effacés, et comme une image de la divinité qui lui prouve (c'est lui-même qui le dit) qu'il n'est point seul dans le monde, mais qu'il y a quelque autre substance que lui-même, plus complète, plus claire et plus vraie, puisque cette lumière, qui le complète en l'achevant, qui l'éclaire en se réfléchissant sur son âme, qui le rassure désormais en l'accompagnant partout, n'est qu'un rayon de l'astre total qu'il ne voit pas encore et que cet astre total est Dieu.

Ce fut là le second degré de sa connaissance, et comme le premier lever de soleil de cet autre hémisphère. Cette idée de Dieu, vraiment tombée du ciel en son âme, fut pour elle le lien des choses. Descartes la reçoit comme la marque de l'ouvrier sur son ouvrage. Il en parle souvent plus encore en mystique que la grâce illumine, qu'en philosophe que sa seule raison conduit. C'est la preuve qu'il en avait bien ressenti tout l'attrait. C'est ici que s'arrête la quatrième partie du *Discours de la Méthode*, celle qui, sans cesse commentée dans l'école, offre sans cesse un nouvel aliment à la pensée. Descartes y avait jeté les fondements de sa métaphysique en nous y découvrant la connaissance de Dieu et de l'âme. Il est très-vrai que cette partie renferme toutes les autres, mais comme un germe renferme le chêne qui se déploiera sous ses imperceptibles enveloppes.

Or, si l'on m'eût dit il y a quelques années que ce discours si plein, si solide et si substantiel ne contenait pas Descartes tout entier; qu'il y avait çà et là des réticences, et que sous la forme sincère d'une autobiographie, Descartes portait le masque et se préparait à jouer un rôle, je me serais récrié contre l'imprudent qui aurait ainsi cherché à ébranler ma certitude, contre le téméraire qui voulait à toute force inventer un Descartes nouveau. Aussi bien n'ai-je pas la prétention de réformer le jugement de la postérité et de présenter au lecteur un nouveau Descartes. Je veux seulement, au seuil d'une étude consacrée à une femme qui fut son amie et son élève, rechercher de bonne foi s'il nous a livré dans ce discours son âme entière. C'est une étude d'intime psychologie à laquelle j'ai convié mon lecteur. Sans doute, s'il s'agissait de système ou de méthode, tous les résultats qu'il a jugés dignes de la postérité sont déjà dans le discours et surtout dans les trois traités auxquels il devait servir de préface. Mais la vie, mais l'âme, mais les pensées fécondes qui durent agiter sa jeunesse, tout ce qu'Élisabeth enfin dans ses veilles solitaires dut interroger avec curiosité, quelquefois même avec angoisses, tout est-il bien dans ce discours? On en peut douter, et sur ces délicates questions il nous sera bien permis de faire un usage discret de nouveaux manuscrits récemment découverts et dont l'un porte ce titre significatif : *Pensées intimes de Descartes* (1).

C'est, je l'avoue, un écrit d'un savant étrange et qui ne ressemble en rien au *Discours de la Méthode* ; car il est surtout remarquable par l'absence de méthode. Les *Pensées de Descartes* couvrent huit grandes pages in-folio remplies de notes diverses sur toutes sortes de sujets, d'une écriture fine et serrée. C'est un manuscrit d'une physionomie singulière. A première vue vous n'apercevez aucun lien logique, aucun ordre apparent entre ces pensées. C'est un mélange de philosophie et de mathématiques où l'algèbre dispute la place à la psychologie. Les *Pensées* comprennent deux années de la jeunesse de Descartes : ce ne sont pas des mémoires réguliers, mais on dirait des extraits de cahiers plus complets et comme un *memento* ou journal de cette époque de sa vie. Descartes avait alors vingt-trois ans ; il était soldat. Datées des calendes de janvier 1619, elles portent aussi la mention de 1620 (2). Elles furent commencées en Hollande et durent être achevées en Allemagne, où il était à l'occasion des guerres. C'est l'unique témoignage écrit de cette époque de sa vie, avec les rares confidences du Discours. C'est comme une révélation de ses années studieuses passées dans un poêle en Bavière.

Malgré leur désordre, on ne peut lire sans intérêt ces feuillets détachés d'une œuvre plus complète, ces courtes indications de ses pensées, ces traits de flamme apparaissant soudain et qui ne peuvent être mieux caractérisés que par un mot de lui : *Semina*

(1) *Œuvres inédites* de Descartes, t. I, p. 1.
(2) Voir ce passage dans les *Œuvres inédites* de Descartes, t. I.

scientiæ, ut ignis insilia. Dès la première ligne le charme agit. Il y a des élans, des témérités qui seront plus tard réfrénés, des aveux qui ne reviendront plus, tout un état de l'âme enfin qu'il est bon de connaître.

On comprend dès lors l'intérêt de cet écrit de sa jeunesse. Le *Discours de la Méthode*, publié dix-huit ans plus tard, c'est la pensée maîtresse d'elle-même et dominant l'ensemble et les parties de ce beau tout ; c'est l'ordre et la méthode substitués au désordre agité et au chaos fécond de ses premières années. Aussi l'on sent bien qu'il ne peut être question de comparer les *Pensées* au discours au point de vue de la forme ni pour les résultats acquis. Le *Discours de la Méthode* porte les marques d'un art d'autant plus exquis qu'il excelle à nous cacher sa trace ; c'est, comme il le dit, « une de ces conversations étudiées, où l'on ne donne que les meilleures de ses pensées. » C'est un retour sur lui-même, fait à distances où il se juge avec sévérité. C'est là ce qui fait la force de ce discours mais aussi ce n'est pas un document qu'il faille consulter au hasard ; il a été mûrement médité et combiné pour le but que Descartes voulait atteindre Ce but, seul capable de satisfaire un tel esprit, mais hérissé d'obstacles, c'est la réforme des sciences, à laquelle il travaillait en silence depuis vingt ans. Les *Pensées* au contraire sont les confidences naïves de son génie, et l'expression d'un esprit plus jeune et mieux sûr de lui. C'était pour lui et pour lui seul qu'il avait noté ses pensées ; on y trouve des confidences ou des aveux que Descartes, plus mûr, s'est bien gardé de faire.

C'est ainsi que la comparaison de ces deux documents nous montre qu'à l'époque du *Discours* il est revenu sur la passion des voyages et qu'il a presque dompté cette humeur inquiète qui lui avait fait passer près de dix années hors de son pays. Il avouera bien encore qu'il était amoureux de la poésie ; mais il n'ira pas, comme dans les *Pensées*, jusqu'à dire qu'il la préférait même à la philosophie.

La théologie dont il s'était d'abord occupé avec ardeur ne lui inspire plus qu'un respect à distance, *reverentiam è longinquo*. Enfin le grand calme qui s'est fait dans son esprit nous trompe sur cette période agitée de sa vie à laquelle les *Pensées* correspondent. Prenez le manuscrit et vous le verrez assiégé de ces pensées, récitant jusque dans son sommeil des vers d'Ausone, dont le début : *Quod vitæ sectabor iter ?* résume bien la grande préoccupation de sa jeunesse errante et agitée. Ces doutes, ces irrésolutions sont naturels à cet âge. On regrette presque de ne plus les retrouver dans son discours ; le philosophe y perdrait peut-être, mais il semble que l'homme y gagne quelque chose.

On pourait relever ainsi bien des traits curieux, et montrer que sur certains points le manuscrit est plus explicite que le discours imprimé. Ainsi pour ne citer qu'un détail, mais il est caractéristique, dans le *Discours de la Méthode*, Descartes se donne à nous pour *un homme qui ne lit pas;* dans le manuscrit il confesse ingénument qu'il a un traité sur le métier et qu'il l'achèvera pour Pâques, s'il peut se procurer des livres, *si librorum sit copia*. Voilà l'homme sincère en opposition avec le philosophe. C'est là ce que nous appellerons bientôt, d'après lui-même, le *masque du réformateur*. Mais n'anticipons point.

Le *Discours de la Méthode* contient, entre autres parties très-belles, une revue des sciences faite de main de maître.

Descartes excelle à caractériser chacune d'elles en quelques mots; il dit le bien et le mal sans flatterie, mais aussi sans colère ; il parle de plusieurs avec estime. L'ironie de Socrate est ici tellement contenue, l'atticisme délié, qu'on prendrait volontiers le change ; on croirait entendre un homme plein d'estime ou du moins rempli d'égards pour les diverses sciences qu'il énumère : « J'estimois fort l'éloquence : — Je me plaisois surtout aux mathématiques : — Je révisois notre théologie : — Je ne dirai rien de la philosophie. » On ne se douterait jamais qu'on a affaire à Descartes, et l'on serait tenté de lui rappeler que ce n'est point là le langage d'un réformateur. On aurait tort sans doute ; ce langage plein de prudence convenait à sa réforme en la masquant. Comment se défier d'un homme qui parle si bien des sciences constituées ? C'est par la même adresse qu'il dédiera plus tard ses méditations à la Sorbonne. Mais j'aime aussi cette noble hardiesse qui éclate dans sa pensée plus jeune et qui respire dans notre manuscrit. Ici plus d'égards, plus de feinte estime, plus de faux respect : « les sciences portent le masque, » s'écrie-t-il : *Larvatæ nunc scientiæ sunt*, et vous voyez déjà se lever le réformateur qui leur arrachera ce masque. Descartes à vingt-trois ans, ayant déjà l'idée de sa réforme, sachant que les sciences sont un état mal gouverné, en proie aux faux savants qui le corrompent, aux demi-savants qui le compromettent et aux sophistes qui le déshonorent, et s'écriant : « Ah ! si on leur ôtait le masque, comme on serait frappé de leur beauté ! » Tout Descartes est dans ce mot !

Il faut donc admettre ce que d'ailleurs Descartes va nous dire lui-même, que le *Discours* n'est point tout à fait sincère, et qu'on l'a bien faussement comparé aux confessions de saint Augustin. Augustin se confesse, Descartes ne se démasque pas. L'un nous livre son âme entière avec ses frayeurs, ses faiblesses et ses prodigieux élans. L'autre ne fait pas un pas qui ne soit assuré, ne dit que ce qu'il veut dire, et n'est jamais plus maître de lui que quand il paraît qu'il va laisser échapper son secret. Les souvenirs de sa jeunesse, qui importunaient Augustin, ne renaissaient chez Descartes qu'à l'état de souvenirs. Le mot de *Conversation étudiée*, qu'il a choisi pour caractériser son discours, est le mot vrai. On dirait qu'il cause ; mais quelle étude dans cette causerie qui nous paraît si simple ; quelle adresse dans cette bonhomie, et quel art enfin dans ce naturel ! Descartes est Tourangeau ; on eût dû s'en souvenir.

Si l'on avait conservé quelque doute sur la possibilité des réticences dans le *Discours de la Méthode* et sur le caractère diplomatique de ce document, ce doute devra céder dès la première ligne du manuscrit des *Pensées*. Descartes nous dit qu'il a un rôle à jouer et qu'il paraît masqué sur la scène du monde. Il se compare à un acteur qui ne veut pas laisser voir la rougeur de son front et qui met un masque au moment de faire son entrée sur le théâtre.

On s'étonnera de cet aveu de Descartes apparaissant masqué sur la scène du monde dans ce *Discours de la Méthode* qui fut son début : quel scandale, quelle révélation pour les cartésiens zélés !

Qu'on ne s'y trompe point cependant. Ce n'est ni une lâcheté indigne de son génie ni l'art de feindre dont il est incapable, qui lui a fait prendre cette précaution avec les hommes; c'est bien plutôt la ferme résolution où il est de jouer jusqu'au bout un rôle difficile et la nécessité pour le jouer de recourir à un vêtement d'emprunt. Il le fallait à l'époque où parut Descartes. La prison de Galilée et le bûcher de Giordano Bruno lui en faisaient une loi. N'oublions jamais que la condamnation de Galilée nous a privés du *Monde* de Descartes, et que la peur des régents l'empêcha toujours d'écrire une morale.

Descartes n'est point un politique qui aime à tromper les hommes et à déguiser sa pensée. Le soin de son repos a pu seul lui imposer la contrainte de prendre un masque. S'il paraît avec un déguisement, c'est qu'il le faut pour éviter les haines et aussi pour voir les hommes à son aise. Car le masque de Descartes, c'est d'abord quelque ingénieux pseudonysme, comme celui de Polybe le *Cosmopolite* (1), qui devait lui servir pour publier son premier livre; mais c'est aussi cette profession des armes que le jeune seigneur Du Perron a embrassée pour voir les hommes à son aise sans être vu par eux; c'est cette casaque de soldat qu'il a prise comme un vêtement commode pour remplir la première condition de sa réforme, voir le monde, étudier et connaître les hommes.

Il a donc bien raison de se comparer à un acteur qui va monter sur les planches. Molière, son contemporain, n'observe pas avec plus de profondeur et de finesse les ridicules et les bassesses de l'homme. Et l'on peut dire, que de même que dans Molière il y a un Descartes en germe, il y a dans Descartes un Molière réprimé. Tous deux observent le monde et le jouent sur la scène; mais leur champ d'observation est différent. Molière s'attaque aux hypocrites et aux tartufes; Descartes joue les faux savants et se moque du pédantisme. Si l'un est plus plaisant, l'autre est plus profond. Descartes a contre l'apparence et les faux semblants une haine vigoureuse.

(1) Voir la note du t. I des *Œuvres inédites* de Descartes.

A ce signe, vous reconnaissez le philosophe. Le philosophe va vers l'être, a dit Platon. Le sophiste préfère le *paraître* à *l'être*. Nul plus que lui n'a l'horreur de l'apparence et la haine de toute sophistique. Pour lui, le phénomène n'a pas de valeur propre ; c'est le manteau d'un jour que tisse et défait le temps sur sa trame changeante. Défions-nous de l'apparence ; nous sommes tous acteurs ici-bas ; tous nous portons le masque Descartes lui-même, quand il va paraître, nous avertit qu'il est masqué : *Larvatus prodeo*.

Mais le masque de Descartes n'est point de ceux dont on ait à rougir, c'est après sa vie de soldat si noblement supportée, c'est le voile ingénieux de sa pensée et l'art avec lequel il présentera sa réforme ; c'est cette philosophie « engageante et hardie » qui a séduit son siècle et écarté de lui les foudres de l'Église et les sévérités du pouvoir C'est cette ignorance savante enfin, *a learned ignorance*, qui est d'autant plus instruite qu'elle paraît l'être moins et qui nous mène à la science par la route du non savoir. Car le masque de Descartes, c'est aussi celui de Socrate !

On comprendra maintenant l'intérêt qui dut s'attacher, après l'apparition du *Discours de la Méthode* à cet homme extraordinaire qui venait de paraître sur la scène du monde et d'y livrer sa première bataille avec un si prodigieux succès. C'est cet intérêt de curiosité d'abord, puis bientôt d'amitié et de collaboration qui décida de la vocation d'Élisabeth.

NOTE B.

SUR LE LIVRE DES PRINCIPES.

C'est une conviction qui chez moi n'a fait que s'accroître et est devenue même une certitude, depuis que j'ai découvert ces deux ou trois traits de l'*Éloge de Descartes* par la princesse, qui portent tous sur sa psychologie, et aucun sur sa physique. Est-ce à dire que nous devions même ici imiter le silence prudent de la princesse et ne rien dire afin de ne pas blâmer? Nous ne le croyons pas et nous pensons même qu'il y aurait quelque injustice à le faire. Et d'abord Elisabeth était évidemment un peu exclusive dans ses goûts et ses préférences, par la tournure de son esprit naturellement porté vers les problèmes de l'âme à l'exclusion de tous les autres, et la physique de Descartes ne méritait certes pas d'être passée sous silence. Si c'est une preuve assez rare d'indépendance et de vigueur d'esprit de n'avoir pas accepté *ex professo* cette doctrine des tourbillons qui passionnait son siècle, et séduisait encore Leibniz, que d'avoir résisté à cette matière homogène dont il faisait un si merveilleux emploi pour l'explication simple et grandiose tout ensemble des phénomènes de cet univers, que de s'être tenue en garde contre cette méthode hardie qui ramenait tout à la Raison, sans presque consulter l'expérience, ce serait une injustice qui était assurément bien loin de son cœur et de son esprit, de ne pas reconnaître les étonnants mérites de cette hypothèse, qui chassait au tombeau les larves et les fantômes de l'ancienne physique, qui substituait à ces mille petits dieux l'universalité d'un principe qui est partout le même, que ce retour et cet appel à des principes fixes et immuables, et qui ne dépendent ni du temps, ni des lieux, ni des circonstances. Et pour faire ici notre confession sincère, même après ce noble exemple que nous a donné la princesse, qui de nous n'a fait un jour ce *Voyage au monde de Descartes*, que la malignité d'un jésuite pouvait seule tourner en une amère raillerie (1), et qu'il faut refaire encore.

« Arrêtez-vous près d'un fleuve, disait-il, dans un endroit où son cours subitement interrompu par quelque obstacle imprévu, ou par une sinuosité rapide semble ramené sur lui-même, aussitôt ses eaux qui coulaient en ligne droite, tourbillonnent avec une extrême rapidité sur elles-mêmes, et dans ce mouvement les corps légers qui étaient à la surface sont ramenés au centre et y tournent avec une extrême rapidité.

« Il en est de même des planètes dans les cieux. Les cieux sont liquides et transportent avec eux tous les corps qu'ils contiennent. Aucun mouvement ne peut s'y produire (car tout est plein) sans faire tourner en cercle tout un système de corps. Les cieux sont des torrents à peu près circulaires où sont emportées toutes les parcelles de matière. »

Dans ce mouvement où les parties de la matière, sans cesse séparées les unes des autres, sont sans cesse courbées, arrondies en boule, raclées par le frottement, il se forme une poussière sidérale impalpable, infiniment divisible, qui coule sans cesse de la circonférence au centre et y forme le premier noyau. C'est le premier élément à la fois très-subtil et très-liquide, à savoir, le soleil et les étoiles.

Mais tout mouvement enveloppe un effort. Celui des petites boules du système et aussi de toute la matière du premier élément est de s'éloigner du centre. En cet effort, en ce *nisus* du soleil, consiste toute la nature de la lumière.

Ainsi les corps conspirent à se mouvoir en cercle, de là les tourbillons. Il s'y fait par le mouvement et la division des parties un départ des parties rondes et des particules infiniment tenues et rapides; celles-ci coulent au centre, de là le 1er et le 2e élément, les cieux, le soleil et les astres.

Au centre un effet se produit et c'est la lumière. Il n'y a pas

(1) *Voyage au monde de Descartes*, par le P. Daniel de la compagnie de Jésus.

d'âmes logées dans le soleil ni dans les cieux, ni de cochers assis dans les étoiles.

Le soleil n'a pas besoin d'aliment comme la flamme; mais il s'y fait un continuel transport de matière qui entre et qui sort. C'est le premier élément qui y coule à travers les intervalles des globules du second, puis qui les chasse et les pousse d'un mouvement rapide et d'une force égale à son mouvement (1).

Mais toute chose a son déclin, et les astres eux-mêmes se corrompent. La matière première si fluide d'abord, en venant se fixer dans une étoile, s'y agrège, s'y épaissit en croûte, et fait du plus subtil et du plus agité de tous les corps une matière solide et grossière, c'est le troisième élément. On y voit ainsi se former des soleils opaques tout couverts de taches, de croûtes, et qui n'ont plus la force de soutenir et de défendre leur tourbillon contre l'effet continuel de ceux qui les entourent. Ils deviennent la proie du plus fort des tourbillons d'alentour, où leur étoile éteinte nage en conservant le mouvement circulaire et finit par se mettre en équilibre. Ce sont les planètes.

Ou bien ces astres errants vont de tourbillons en tourbillons, cherchant une place qui leur sera toujours refusée et ne s'arrêtent nulle part. Ce sont les comètes.

Enfin, parmi les planètes, il y a des vainqueurs et des vaincus. Et les premiers ont leurs satellites qui tournent autour d'eux, et tout est emporté dans le ciel par le mouvement du plus grand tourbillon.

Or, telle est la puissance des lois qui découle de l'immutabilité et de l'inviolable constance de leur auteur, que jusqu'en ses désordres et ses aberrations, le système reste soumis aux règles du mouvement, et que l'on peut faire, d'après Descartes, en se conformant à son hypothèse, des calculs exacts.

Cela n'est pas, sans doute, et la mécanique céleste n'est pas sor-

---

(1) La composition ou la décomposition du mouvement circulaire, c'est-à-dire de la force centrifuge et centripète, sont l'âme l'essence des tourbillons. (Bailly, *Astron.*, p. 292.)

tie tout armée du cerveau de son inventeur, par voie d'hypothèse, sans rien laisser à faire aux suivants. L'explication exacte des phénomènes n'était pas réservée à sa philosophie. Il suffit qu'il ait démontré la fécondité de son principe et donné occasion de faire des découvertes.

« *Nous avons bien des connaissances que Descartes n'avait pas,* » écrivait, cinquante ans après la première édition du livre *Des principes*, Leibniz à Hugens, qui blâmait le dogmatisme étrange du maître en des matières conjecturales. Et il ajoutait, avec cette manière si fine d'imperceptible ironie qu'il aimait : « Plût à Dieu que vous pensassiez à donner vos conjectures sur les parties de la matière. »

Il écrivait au même et dans la même année : « Oui, Descartes a parlé d'un ton trop décisif de l'arrangement des parties de la matière. Cependant ce serait dommage si nous n'avions pas son système. »

Hugens, génie méthodique et patient, aussi grand que Newton peut-être, ne marchait qu'à pas lents et donnait le spectacle d'un savant hollandais, usant lentement sa santé, déjà très-minée, dans des recherches scientifiques *dont la rigueur nous étonne.*

Leibniz, au contraire, ce génie si prompt aux découvertes et en même temps si hardi, l'animait sans cesse à tenter quelque rare entreprise et à donner même ses conjectures, comme il faisait lui-même et comme faisait Descartes.

Leibniz n'aimait pas Descartes ; mais il était de cette famille de savants qui se passionnaient pour les grandes choses et qui ont la franchise de l'avouer.

Si peu cartésien qu'il fut vers cette année 1692, les tourbillons charmaient encore et captivaient sa vaste intelligence près d'un demi-siècle après Descartes, comme le souvenir de quelque grande entreprise à laquelle il avait pris part. Il y revient souvent dans ses lettres à Hugens et tente de les mettre d'accord avec les progrès de la science. On sent qu'il ne les abandonnera jamais. N'avait-il pas lui-même cherché l'explication et le principe de tous les mouvements du monde dans un éther extrêmement fluide, pénétrant tous les pôles, suivant la direction de l'axe de la terre, établi partout une circulation harmonique, et rendu compte par elle de la variété des phénomènes, de la pesanteur et de l'élasticité ?

En vain Hugens lui fait observer que les tourbillons de M. Descartes sont superflus, si on admet le système de M. Newton, où le mouvement des planètes s'explique par la pesanteur vers le soleil et la force centrifuge qui se contrebalancent.

Leibniz ne croit pas encore les tourbillons superflus. Il aime à se représenter toujours les corps battus par les vagues de son éther, et les planètes gouvernées par son fluide déférent. Hugens ne convient-il pas lui-même que sans les tourbillons on a peine à comprendre comment les planètes sont toutes portées d'un même côté (d'Occident en Orient) ? Selon l'hypothèse de M. Newton, la terre, dit-il, vogue dans l'éther, comme ferait une île flottante que rien ne dirige que sa propre tendance déjà prise. Selon celle de Descartes au moins, il y a des espèces d'orbes ou sphères liquides, enfin quelque fluide environnant (*ambiant*) qui la contraint d'accomoder son cours à celui de la matière du grand système solaire.

La cause de la pesanteur, celle de la rondeur de la terre et de la rondeur des gouttes s'expliquaient aussi, suivant Leibniz, par la force centrifuge des tourbillons. Il y a bien de l'apparence, écrivait-il à Hugens, lettre du 11 avril 1692, que la pesanteur vient de la même cause qui a rendu la terre ronde et qui arrondit les gouttes, c'est-à-dire du mouvement circulaire de l'ambiant en tout sens.

C'est ce dont Hugens ne pouvait pas demeurer d'accord, lui qui en 1671 avait donné ses théorèmes sur les forces centrales et la véritable explication de la pesanteur.

Et cependant Hugens avait tort de croire les tourbillons superflus. S'ils l'étaient devenus depuis que Newton et lui étaient en possession de la théorie des forces centrales, ils ne l'avaient pas été pour donner à Hugens et à Newton les éléments et le sentiment du problème de mécanique qu'il s'agissait de résoudre.

Les hautes facultés métaphysiques de Leibniz ne lui permettaient pas de laisser consommer une telle spoliation sans protester au nom de la métaphysique même dont il soutenait les droits dans ce mémorable débat. Nous avons cru qu'il était de notre devoir d'historien impartial d'enregistrer cette protestation.

La quatrième partie *des Principes* mériterait un chapitre à part. Elle est intitulée : *De la Terre*. C'est une partie détachée de son Cosmos. Il la considère comme ayant été autrefois une étoile fixe, comme un soleil encroûté et éteint. Il la compose d'un noyau de matière subtile qui rayonne en nimbe du second élément et recouvert d'une croûte, épaisse. Il cherche à expliquer les phénomènes qui se passent à sa surface par les effets combinés de la lumière, de la chaleur et de la pesanteur. Leibniz, qui a poussé si loin la divination en géologie, admettait l'hypothèse de Descartes qui paraît encore plausible.

Tel est ce livre *des Principes* qu'il dédiait à la princesse Élisabeth. Son plan était vaste comme la raison dont il prétend mesurer le domaine : car il comprend les principes de la connaissance et ceux de la nature, réunis dans une sorte de synthèse. Sans doute, on peut critiquer ce plan d'une encyclopédie cartésienne qu'il adressait à la princesse avec la dédicace *des Principes*. Comparer la philosophie à un arbre dont le physique est le tronc, et la médecine, la mécanique, et la morale les trois maîtresses branches, c'est là une métaphore dont la justesse peut être contestée. La médecine est tout ce qu'il y a de plus restreint et la mécanique tout ce qu'il y a de plus général. Comment la médecine, science tout expérimentale et d'observation peut-elle être mise avec la mécanique, science toute mécanique et qui dépend si peu de l'expérience ? Enfin la morale qu'il y joint paraît, à première vue, assez étrangère à ces deux sciences. Entendait-il donc faire de la morale une simple hygiène de l'âme, *medicina mentis*, suivant une vue propre à quelques-uns de ses disciples ? Mais alors elle ne saurait pas plus que la médecine être comparée à la mécanique. J'ajoute que ce rapprochement est dangereux. Enfin l'erreur fondamentale en tout ceci paraissait être dans ce enivrement de sa physique qui lui faisait dire d'hypothèses à jamais déchues du rang de science :
« Ces vérités de la physique sont le fondement de la morale la

plus parfaite et la plus profonde. » Quelle illusion chez Descartes, et plus tard, chez Spinosa, quelle déception ! C'est dans cette voie que toute morale périt et que l'amour de Dieu lui même n'est plus qu'un leurre. Mais ces conséquences extrêmes de ses principes ne sont point imputables à Descartes : j'ai montré ailleurs qu'un abîme le sépare encore de Spinosa. Il suffit d'avoir indiqué les réserves qu'une âme élevée et un esprit éclairé ont cru devoir faire aux *Principes* de Descartes. C'est d'un utile exemple, bien que ce danger ne soit plus à craindre aujourd'hui.

NOTE C.

SUR LE TRAITÉ DES PASSIONS

ET L'AMOUR CARTÉSIEN.

Le traité *Des passions* est sans aucun doute le livre capital de Descartes, celui qui montre le mieux l'économie de sa psychologie et de sa morale, et qui nous livre le secret de sa force et de sa faiblesse. Cette monarchie de droit divin et partant absolue de l'âme sur le corps, ce mécanisme étudié de l'âme humaine dont le respect et l'admiration sont les principaux ressorts, cette physiologie singulière qui devient la servante de cette hautaine psychologie, *psychologiæ ancilla*, et qui détrône la théologie tout en prenant sa place, tous ces traits de haute philosophie et de pur spiritualisme, encore relevés par ce ton souverain et une logique écrasante, nous montrent au vif le vrai Descartes et son siècle.

Trois ou quatre propositions du traité *Des passions*, convenablement analysées, vont nous révéler la source de ce mélange de vérités sublimes et d'erreurs respectables dont il a composé son livre.

Descartes nous accorde un pouvoir absolu sur nos passions, fondé sur l'unité monarchique de l'âme humaine : à ses yeux, l'homme est un monarque : il n'admet pas de combats entre la partie inférieure et la partie supérieure de l'âme (1) : « Car, dit-il, il n'y a en nous qu'une seule âme, et cette âme n'a en soi aucune

---

(1) Les découvertes de la physiologie tendent à démontrer qu'il y a un système intermédiaire et comme un moyen terme entre ces deux vies, mais non à supprimer cette fondamentale distinction des deux vies, comme fait M. Bouillier. Il est très-vrai que Molinos et les quiétistes en abusaient étrangement pour lâcher la bride aux passions, mais l'abus ne prouve rien.

diversité de parties. » « L'erreur qu'on a commise, ajoute-t-il, en lui faisant jouer divers personnages contraires les uns aux autres, ne vient que de ce qu'on n'a pas bien distingué ses fonctions d'avec celles du corps, auquel seul on doit attribuer tout ce qui peut être remarqué qui répugne à notre raison. »

L'âme ainsi replacée dans son unité peut toujours vaincre le corps : elle n'a pour cela qu'à vouloir, et c'est par le succès de ces combats que chacun peut connaître la force ou la faiblesse de son âme : « Car ceux en qui la volonté peut le plus aisément vaincre les passions et arrêter les mouvements du corps qui les accompagnent, ont sans doute les âmes les plus fortes ; mais il y en a qui ne peuvent éprouver leur force, pour ce qu'ils ne font jamais combattre leur volonté avec ses propres armes, mais seulement avec celles que lui fournissent quelques passions pour résister à quelques autres. Ce que je nomme ses propres armes sont des jugements fermes et déterminés touchant la connaissance du bien et du mal, suivant lesquels elle a résolu de conduire les actions de sa vie. »

Deux propositions vont l'aider à accomplir cette restauration monarchique, tentée au profit de l'âme humaine, dont il voulait ainsi (il le croyait du moins) assurer à jamais la suprématie.

La première qui fait le fonds de sa doctrine est celle-ci : *que les passions sont des pensées* : proposition étonnante de hardiesse sous son apparente modestie, et qui peut à bon droit s'appeler un véritable coup d'état spiritualiste. Descartes décrétait par elle, de son autorité privée, ce qu'aucun philosophe grec, même ceux qui avaient le plus victorieusement reconnu les droits de l'âme au gouvernement du corps, τὸ ἡγεμονικὸν, n'avait osé faire avant lui. Il décrétait que nos *passions* étaient des *pensées*, rien que des pensées. Je dis que ce simple énoncé, que cette petite substitution de mots était une révolution aussi grande que celle du *cogito ergo sum*, car, outre qu'il en était le développement et comme le prolongement psychologique et moral, dans ce mot sont contenues les gloires littéraires et les grandeurs morales, suivies de défaillance et de réaction physique, du règne de Louis XIV. En effet, faire des *passions* des *pensées*, c'était ennoblir et comme sublimer la passion, et de là la noblesse des tragédies de Racine. Mais c'était aussi la vaporiser et de là ce pâle et ce languissant qu'on y remarque. Il y avait toute une rhétorique des passions contenue dans ces mots que les passions sont des pensées : car alors elles raisonnent, elles ont conscience, elles dissertent, mais aussi elles ne vivent que comme des pensées.

Le traité *Des passions* est en partie le développement de cette maxime. Descartes y enseignait à la princesse que la générosité, l'admiration et la vénération sont les passions maîtresses d'une belle âme : la générosité d'abord, cette vertu, disait-il avec esprit, peu connue de l'école, et que sa philosophie a contribué à mettre en honneur dans le monde; l'admiration, passion éminemment philosophique, dont il avait bien pu emprunter à Aristote le sens profond : θαυμάζειν μάλα φιλοσοφικόν πάθος ; puis après la générosité et l'admiration, le respect et la vénération, deux passions ou plutôt deux vertus que son siècle a surtout cultivées, et dans lesquelles Descartes retrouvait les racines mêmes de toute religion.

L'amour même, ce puissant ressort de la vie, y prenait un sens intellectuel. On ne remarque pas assez que le xvii⁰ siècle a modifié la notion même de l'amour en y introduisant le respect et la dévotion. Descartes a beaucoup contribué à cette révolution qui se rattache intimement d'ailleurs à ce coup hardi par lequel il avait transformé les passions, et fait de l'admiration, du respect et de la vénération, les principaux mobiles du cœur de l'homme. L'amour, de même, devait être transformé : il devient la passion de l'infini. Rien de vil, rien de bas n'y saurait entrer, et, comme le dit si bien Pascal, en cela très-cartésien : « Le premier effet de l'amour est d'inspirer un grand respect. L'on a de la vénération pour ce que l'on aime... Il semble que l'on ait toute autre âme quand on aime... On s'élève par cette passion et l'on devient toute grandeur. L'amour et la raison n'est qu'une même chose. » Qu'on lise la lettre de Descartes à Chanut sur le pur amour ou amour de Dieu, et l'on y trouvera les principes qui régissent alors cette matière de l'amour. J'ose dire que jamais révolution plus radicale ne fut tentée par la philosophie sur le cœur de l'homme.

Celui qui chercherait au xvii° siècle la notion moderne de l'amour panthéistique, mou et dissolvant, purement naturel et bas, quoique divinisé, étendu à tout, vivant dans une sorte de familiarité audacieuse avec la nature, endormi dans la plante, et ne se réveillant que dans les animaux, celui-là ne doit pas ouvrir les penseurs du xvii° siècle, ni surtout Descartes. Délicat et passionné dans Pascal, tendre et raffiné dans Racine, subtil et mystique dans Fénelon, l'amour est toujours raisonnable et élevé dans Descartes. Comme Socrate, comme Platon, il ne parle que de l'amour de l'homme pour son semblable ou pour son supérieur. Il ne prodigue pas ce beau nom ni ce noble sentiment. Pour lui, comme pour tous les grands maîtres, l'amour qui est le désir inné de la béatitude, ne se confond pas avec ce vague sentiment de l'être ou cet incessant besoin de conservation qui maintient la vie; et son terme est Dieu (1).

La même âme qui est sensitive est aussi raisonnable, et tous ses appétits sont des volontés : c'est là la seconde formule du *Traité des Passions* et le grand énoncé de cette morale spiritualiste. On voit ici mieux encore que dans M. Bouillier (2) et presque sous une forme mathématique, les conséquences de l'unité de l'âme humaine, son empire souverain sur ses passions, et sa victoire assurée sur le corps. Mais ici encore la nature proteste, et l'on a envie de s'écrier : *Oh! caro! oh! Spiritus!* Mais ce qui effraie aujourd'hui notre mollesse était vrai pour Descartes et sans doute aussi pour son siècle qui embrassait avidement ses doctrines. On éprouvait alors la passion du respect, on comprenait la puissance de l'admiration, on faisait profession de générosité et Descartes pouvait dire, en pensant à ce siècle et sans trop d'invraisemblance : « *Tous ses appétits sont des volontés :* » de même qu'il avait dit : « *Toutes ses passions sont des pensées.* »

(1) T. X, Lettre *sur la nature de l'Amour*, p. 11.
(2) M. Bouillier : *De l'unité du principe vital et de l'âme pensante.*

NOTE D.

SUR DESCARTES MÉDECIN.

J'ai cité l'ingénieux paradoxe de M. Lemoine sur Descartes médecin sans m'y associer complètement (1). Il est très-vrai que les études de Descartes le conduisaient naturellement vers la médecine, qu'il voulait s'y livrer de plus en plus et qu'il parlait d'y consacrer le reste de sa vie. J'ajouterai même que ce n'était pas seulement de médecine théorique, comme on le croit généralement, qu'il s'occupait. Descartes exerçait la médecine, il se livrait à l'art de guérir en praticien. D'abord il était son propre médecin, mais il était aussi le médecin des autres. Il avait ses malades qu'il visitait. Il donnait des consultations, et nous avons retrouvé ses recettes. Il craignait la saignée, mais il purgeait volontiers. Il s'occupait même un peu de chirurgie, car il avait essayé de redresser la taille de Mlle de Hooghelande par un traitement orthopédique (2). Il suffit d'ouvrir ses œuvres inédites pour voir qu'il avait réfléchi sur la nature des maladies : je connais des spiritualistes qui ne lui pardonneront jamais certaines analyses des déjections du corps humain. A quoi bon, diront-ils, tant de physiologie? Descartes n'a rien à gagner à cette collaboration posthume avec M. Purgon. Que nous importent ses titres au bonnet de docteur? La Faculté de médecine dût-elle répéter en chœur, après examen, le *Dignus intrare in docto nostro corpore*, croit-on que cet hommage de la médecine ajoutât beaucoup à la gloire du philosophe?

A ne prendre que les résultats pratiques de ses tendances médi-

(1) M. Lemoine : Études *sur l'Ame et le Corps*.
(2) Foucher de Careil : *Œuvres inédites de Descartes*, 2 vol. Paris, Durand et Ladrange.

cales, je suis forcé d'avouer que les spiritualistes ont raison, et que la mort de Descartes, déplorable fruit de ses propres erreurs en médecine, paraît devoir ôter tout crédit à Descartes médecin. Tout l'esprit de M. Lemoine ne saurait faire passer condamnation sur cette passion malheureuse dont il fut la première victime, et s'il traitait ses malades comme lui-même, il faut avouer que Molière eût eu le droit de mettre la médecine spiritualiste au même rang que la matérialiste avec laquelle son mécanisme lui donnait d'ailleurs trop de rapports, en compagnie de ces docteurs qui tuent leurs malades pour leur apprendre à vivre. Ici l'ironie serait d'autant mieux à sa place, que l'on connaît les espérances, j'allais dire les rêves de Descartes sur la longévité humaine, cet art qu'il voulait enseigner à autrui, et qu'il pratiqua si mal pour lui-même.

Mais l'art de guérir ne dépend pas uniquement de la médecine proprement dite. Deux choses en sont distinctes, le régime ou la diète du corps et l'hygiène de l'âme. Et il semble que Descartes pouvait reprendre ici l'avantage. Le régime de vie ou la diète qui depuis la plus haute antiquité a toujours passé pour une partie si importante de l'art de guérir, et dont Hippocrate et l'école de Salerne nous ont transmis quelques préceptes tirés de la nature, paraissait à Descartes pouvoir contribuer plus que la médecine proprement dite à la santé et à la longévité humaine. Il était plein d'espérance sur ce sujet quand il mourut, et ce n'est pas la moins curieuse de ses pensées que cette confidence tirée du *Discours de la Méthode*, où il parle en ces termes de son régime de vie et de ses espérances : « Aussi je n'ai jamais eu tant de soin de me conserver que maintenant, et je pensais autrefois que la mort ne peut m'ôter que trente ou quarante ans tout au plus, mais elle ne saurait désormais me surprendre qu'elle ne m'ôte l'espérance de plus d'un siècle. Car, il me semble voir très-évidemment que *si nous nous gardions seulement de certaines fautes, que nous avons coutume de commettre au régime de notre vie*, nous pourrions, sans autre invention, parvenir à une vieillesse beaucoup plus longue et plus heureuse que nous ne faisons. »

L'hygiène de l'âme peut être définie la science des moyens propres à conserver la santé de l'âme et par la santé de l'âme celle du corps. Elle nous enseigne qu'il y a une santé de l'âme qui consiste dans l'harmonie de ses puissances, de même qu'il y a une santé du corps qui consiste dans l'équilibre des fonctions corporelles, et que de même aussi il y a des maladies de l'âme qui consistent dans le trouble de ces puissances (*perturbationes animi*), absolument comme les maladies du corps proviennent des désordres de l'organisme. Elle étudie leurs effets sur le corps et cherche surtout à en prévenir le retour. Elle nous apprend à régler nos appétits, à modérer la force de nos passions, à les combattre l'une par l'autre. Ce n'est plus simplement de la médecine, c'est de la médecine morale : *Medicina mentis*, comme on disait au XVII° siècle. Or, une telle science semblait revenir de droit à Descartes, et sur ce point du moins, il devait répondre à la princesse Élisabeth qui lui demandait conseil. Mais, nous l'avons vu, Descartes ne pût guérir complètement ni l'âme ni le corps de son élève, et cette dernière cure qu'il avait entreprise avec amour et qu'il poursuivit jusqu'à la fin sans désespérer du succès, tout en nous montrant mieux le côté moral et pratique de sa philosophie, nous en a aussi dévoilé les lacunes.

Que manquait-il donc à Descartes pour être un médecin plus habile ou plus heureux des âmes et des corps ?

M. Bouillier vient de répondre dans un livre excellent sur l'*Unité du principe vital et de l'âme pensante*, où il examine et juge avec une sévérité parfois excessive les théories physiologiques de Descartes : « Ce qui manquait à Descartes, c'est l'idée même de la vie, nous dit-il. Descartes retranchant à l'âme les fonctions vitales, supprimait absolument la vie pour la réduire à un pur mécanisme et la remplacer par l'action des lois générales du mouvement. La vie dont il *matérialisait* l'idée n'était, à ses yeux, qu'une flamme subtile, qu'un feu sans lumière qui s'anime au cœur et qui envoie des esprits au cerveau, d'où les nerfs les conduisent dans les muscles. Quelle apparence alors que Descartes pût être un grand médecin ou un vrai physiologiste ? Si Boerhave, d'abord cartésien, a fondé sur ces principes une école de médecine iatro-mécanique et iatro-chimique, il les a plus tard désavoués ; en effet les progrès de la physiologie ne pouvaient sortir d'une doctrine qui rend compte de tous les phénomènes par la structure des organes et de toutes les maladies par l'altération d'un solide ou d'un liquide. »

J'avoue que je préfère infiniment l'opinion de M. Bouillier sous cette forme nouvelle et plus achevée qu'a reçue la critique des théories médicales et physiologiques de Descartes dans son livre, et sous cette formule sévère qui ne va pas à moins qu'à enlever à Descartes toute connaissance de la vie, qu'à la lui faire nier purement et simplement, *parce qu'elle n'existe pas*. M. Bouillier avait cru d'abord pouvoir ranger Descartes parmi les partisans de l'unité de l'âme et du principe vital ; aujourd'hui il reconnaît que, si Descartes a favorisé, bien qu'indirectement et par contre-coup, quelque doctrine, c'est le dualisme auquel est revenue, d'autre part, l'école de Montpellier par son double dynamisme (1). Evidemment son opinion ainsi modifiée est beaucoup plus scientifique qu'elle n'était d'abord et se rapproche davantage de la vérité.

Le dualisme de Descartes est tellement évident, il est si bien la cause de toutes ses erreurs psychologiques et physiologiques qu'on s'étonnerait de le voir nié ou même atténué par M. Bouillier. Deux zones séparées, esprit et matière, pensée et étendue, substantiellement et fondamentalement distinctes, à ce point que leur union reste un mystère, voilà Descartes. Il en résulte à première vue que la matière n'est que de l'étendue sans force, de même que l'âme est de la pensée sans étendue. Descartes compose la vie de deux éléments : le mouvement et le temps ; et sa formule est celle-ci : « *Motus cum tempore = vitam.* » Ce mécanisme est la suite nécessaire de son dualisme. Toutefois, et quelle que soit la rigueur géométrique que Descartes emploie à expliquer le mécanisme de la vie par l'étendue pure, la notion de la pesanteur est déjà trop complexe pour que l'étendue seule suffise à l'expliquer, et à plus

---

(1) J'avais proposé pour Descartes une alliance de mots qui paraissait plus exacte, *le double mécanisme*. M. Bouillier y revient bien que d'une manière indirecte.

forte raison celle de la vie. On retrouverait donc bien des textes qui paraissent conserver au milieu de ces explications encore trop mécaniques je ne sais quelle saveur de vitalisme. Il en est un (1) où il semble accorder à la matière *vim insitam*; et je comprends que M. Flourens ait insisté sur ces traces de vitalisme, clairsemées dans les œuvres de Descartes, pour les opposer à l'automatisme des bêtes, encore exagéré par son école. Toutefois, même en tenant compte des progrès de ses études physiologiques et de ses remarques sur le développement du fœtus, même en accordant que le dynamisme soit en germe dans Descartes et que Leibniz l'y ait découvert, autant il faut se garder de confondre Descartes avec les partisans de l'animisme (2), autant il faut se défier de ses rapports avec le double dynamisme. Descartes a certainement conduit à découvrir les forces latentes dans le corps et le riche développement de l'animalité, mais c'est surtout par réaction contre les principes mêmes de son mécanisme.

(1) Voir surtout un passage remarquable des *Œuvres inédites*, t. I, p. 88.
(2) *Traité des Passions*, 5 : *Que c'est erreur de croire que l'âme donne le mouvement et la chaleur au corps.*

FIN.

TABLE DU VOLUME.

Descartes et la Princesse Palatine.................... 1-78

Appendice : Lettres............................. 78-101

Note A. — Sur le *Discours de la Méthode*.......... 103-113

Note B. — Sur le *Livre des Principes*.............. 114-120

Note C.— Sur le *Traité des Passions* et l'*Amour Cartésien*. 121-124

Note D. — Sur *Descartes médecin*................... 125-129

www.ingramcontent.com/pod-product-compliance
Lightning Source LLC
Chambersburg PA
CBHW060206100426
42744CB00007B/1187